Rainer Klis

Im Land der Crow

Mit Farb- und
Schwarz-
weiß-Fotos

RAINER KLIS

Im Land der Crow

Ein Reisebericht

Chemnitzer Verlag

Redaktionelle Mitarbeit: Karin Klis

Der Autor bedankt sich bei Dr. Joseph Medicine Crow für das Interview, bei Herrn Dietmar Kuegler für die Genehmigung zum Abdruck aus seinen Briefen, bei Tom Degenhardt für viele Fotos, bei Einde O'Callaghan für den „irischen Akzent" sowie bei Michael Hametner für freundschaftlichen Beistand.

Druck: Westermann Druck GmbH, Zwickau
Fotos: Privatarchiv Klis
Satz: Miriquidi-Satzstudio

ISBN 3-928678-87-6

„Ihr habt bemerkt, dass ein Indianer in allem, was er unternimmt, die Kreisform berücksichtigt, weil die Kraft der Welt sich stets in Kreisen auswirkt und jedes Ding danach strebt, rund zu sein... Alles, was die Kraft der Welt tut, vollzieht sich in einem Kreis. Der Himmel ist rund, und ich habe gehört, dass die Erde rund wie eine Kugel ist, und so sind alle Sterne. Die Vögel bauen sich runde Nester, denn ihre Religion ist die gleiche wie die unsrige. Die Sonne kommt hervor und geht wieder in einem Kreise nieder. Der Mond tut dasselbe, und beide sind rund... Eines Menschen Leben ist ein Kreis... und so verhält es sich mit allem, darin Kraft sich regt. Unsere Tipis waren rund wie Vogelnester, und diese wurden stets in einem Kreise angelegt, dem Ring des Volkes, einem Nest von vielen Nestern, wo der Große Geist wollte, dass wir unsere Kinder hegen."

Black Elk (1863-1950), Oglala

Inhaltsverzeichnis

Erster Teil Die Reise

Auf Kerle wie dich ist Verlass 11
Mit Real Bird zum Urenkel Sitting Bulls 17
Ich opfere dem Kleinen Volk 19
Rodeo mit zwei Pferden 24
Keine Ortschaft, keine Straße, kein Mensch 28
Ein Indianer *und* ein Crow 34
Nächtliches Tohuwabohu 40
Ein Puma auf zwei Beinen 46
Der Kampf beginnt 58
Zwölf Punkte für den Indianer 63
Alle Knochen gebrochen 71
Bloody hell! 74
Der Tag war zu friedlich bis jetzt 79
Was wollen wir mit einem Bär? 83
Krautrouladen für Grizzlys 86
Ein paar Uhus werden schon vom Ast kippen 93
Hier haben sie ihn skalpiert 98
Die Pferde spüren, dass etwas nicht stimmt 103
Blinde Hühner 109
Das Schicksal kommt den Berg herab 112
Keine Lust auf Klapperschlangenpizza 117
Zum Little Bighorn 119
Innerhalb eines Kreises 134

Zweiter Teil Zeitreise

Das Interview 143
Ein Protokoll 169
Ein Briefwechsel 176

Erster Teil

Die Reise

Auf Kerle wie dich ist Verlass

Es gibt keine böse Mutter und keinen guten Tod? Ich betrachte die Birken, die ich vor Jahren pflanzte: stattliche Bäume. Finde im Bücherregal mein Testament im Märchenbuch. Was für Zeiten!

„Auf Kerle wie dich", sagt sie, „ist doch Verlass" und hängt ein verblichenes Leipziger Messemännchen an meinen Seesack.

Ich winke, bis der Bahnsteig 3 wieder mal in der Kurve verschwindet. Richte mich auf Tom ein, den ich gelegentlich schon den langen Tom nannte. Er wartet darauf, Großvater zu werden. Im Flugzeug wird er sich Whiskey kaufen und hoffen, in der Reservation ein Telefon zu finden.

Der Gnom neben mir, Ketten und Ringe überall, könnte vom Alter her mein Großvater sein. Er will sich unterhalten, raucht Reval und löst Kreuzworträtsel. „Ein Jubiläum diese Reise", sagt er, „das achtzigste Mal Las Vegas!"

„Sieh an", sage ich. Noch ist Grönland auf dem Monitor weit weg. „Gewinnen Sie was dabei?"

„Niemand gewinnt unterm Strich wirklich was", sagt er.

„Warum zocken Sie dann", frage ich.

„Ich bin ein Zocker", sagt er.

Ich setze den Kopfhörer auf.

Wir kommen nach Las Vegas, von Las Vegas nach Salt Lake City, von Salt Lake City nach Cody/Wyoming. Dort hat sich nichts verändert.

Wir überreden den Schlaks, der am Mietwagenschalter lungert, uns nach Cody zu bringen. Sein Kleinwagen fasst nicht alles. Tom fährt mit seinem Zeug zuerst mit. Ich vertrete mir in der Prärie die Beine. Genieße die nächtliche Brise, die von den Rockys weht, bekomme Durst. Die Stille, die mich umgibt, ist bis auf das Säuseln des Föns perfekt. Müde hocke ich mich auf die einzige Bank weit und breit, kämpfe gegen's Einschlafen. Endlich nach dreißig Minuten Scheinwerfer am Horizont!

Gemeinsam wuchten wir meinen Seesack in den Kofferraum. Der junge Mann, der bei seiner Oma Ferien verbringt und Hals-Nasen-Ohren-Facharzt werden will, hält sich am Lenkrad fest. Er glaubt nicht, dass unsereins zum zweiten Mal hier gelandet ist. Betrachtet mich beim Ausladen von der Seite. Er will das Geld nicht annehmen, das ich ihm reiche, aber ich bestehe darauf. Soll er fertig werden damit.

Die Dame in der „Irma" schenkt mir ein Begrüßungslächeln. Vor ihr sitzen die, die immer dort sitzen. Die Stiefel verstaubt wie die Hüte. Tom, eine vertrocknete Wiener unter frischen Bockwürsten, trägt auch Stiefel und Hut. Doch es ist nicht das Gleiche. Er ist der Letzte, der bemerkt, dass ich gekommen bin.

Wir bestellen Whiskey, trinken auf die alten Zeiten, die FDGB-Reisen ins Thüringische. Dann will ein magerer Cowboy uns malen, als Einziger trägt er Adidasschuhe: das Unikum von Cody/Wyoming. Wir erkennen uns aber in dem Gekrakel nicht wieder, zahlen keinen Dollar. Die Cowboys halten zu uns, fragen, woher wir kommen.

Am Morgen treffen wir uns in der Irma wieder, zum Frühstück. Wir sind die einzigen Gäste. Trinken gesüßten Milchkaffee. Die junge Kellnerin will uns Wasser mit Eisbatzen einschenken, streicht blonde Loden hinters Ohr. Tom hält die Hand aufs Glas, sorgt für mich mit, bestellt Büffelsteaks mit Bulleneiern und Crème fraîche... Lächelnd notiert sie alles, rückt den Eiswassersiphon ein Stück weg. Toms Blick am Arsch schwenkt sie zurück zur Kasse.

„Wenn ich Großvater wäre", sage ich, „würde ich mal einen Strich ziehen."

„Noch einen in die Liste?" grinst Tom, „oder quer unten drunter?"

Von der Rezeption aus rufen wir Connor an, von dem wir Pferde bekommen sollen. Seine kleine Ranch liegt in der

Crow Indian Reservation und soll unser Basislager werden. „Okay", sagt Connor, „könnt ihr bis morgen warten? Real Bird holt euch ab, wenn er einkaufen fährt." Wir sind einverstanden, schlendern durch Cody, das Tom noch nicht kennt. Es besteht aus der Sheridan Avenue und dem Buffalo Bill Historical Center am Ortsende. Die Sheridan Avenue, kaum länger als achthundert Meter, erinnert an einschlägige Filmkulissen. Düstere Kramläden, die „Indian Territory", „Northern Plains Indian Gallery" oder „Old General Store" heißen, wechseln mit Kneipen wie dem „Silver Saddle Saloon", dem „Black Sheep" oder „Cassie's Supper Club". Die Wildwest-Variante von Rothenburg ob der Tauber. Obwohl die Japaner fehlen, die Engländer und, abgesehen von uns, auch die Sachsen. Man trifft Einheimische, die rumlaufen, als ob Zeitmaschinen sie heraufgeholt hätten. Biker, die auf ihrer Tour von Arizona nach Alaska hier absteigen, sich mit Budweiser zulöten und am nächsten Tag weiterknattern. Wohnmobilisten auf dem Weg in den Yellowstone, die Grand Tetons. Ein brauner Wegweiser zeigt, wo der Chief Joseph Highway abgeht, eine simple Landstraße, die sich hinter dem Dead Indian Peak an den Klapperschlangenbergen vorbei in nordwestlicher Rich-

Cody/Wyoming

tung nach Cooke City/Montana schlängelt. Sie beschreibt die Route, auf der die Nez Percé, geführt von ihrem Häuptling In-mut-too-yah-lat-lat alias Joseph, im Sommer 1877 nach Kanada zu entkommen suchten – 250 Krieger mit 450 Frauen und Kindern. Gehetzt von vier Armeen unter den Generälen Howard, Miles, Gibbon und Colonel Sturgis. Aufgefallen war zeitgenössischen Beobachtern, dass diese Indianer „zivilisierter" Krieg führten, als man es von anderen und von der Armee kannte. Sie schonten Verwundete, Frauen und Kinder, skalpierten nicht und verstümmelten keine Gefallenen. Als sie an Cody vorbeizogen, ergänzten sie ihre Nahrungsvorräte, indem sie das Notwendigste bei weißen Händlern, dem Gegner mithin, kauften: ein einsamer Fall in der Militärgeschichte! Fünf Schlachten entschieden sie für sich, lähmten eine mit Schnellfeuerkanonen ausgerüstete zwanzigfache Übermacht. Man hätte die Nez Percé billigerweise nach Kanada fliehen lassen können, wo sie willkommen waren. Es hätte nicht mehr bedeutet, als dass die Vereinigten Staaten von Amerika einen schon gegebenen absurden, selbstherrlichen Befehl korrigierten. Wenige Kilometer vor der kanadischen Grenze wurde Joseph mit nur noch 87 Kriegern gestellt und nach der Kapitulation in ein Kriegsgefangenenlager in Oklahoma deportiert. Fast die Hälfte der Frauen und Kinder hatten den Krieg nicht überlebt.

„Aber heute benennen sie immerhin eine Straße nach ihm", sagt Tom.

„Über die man zum Interstate kommt, der nach Custer, Miles City und Terry führt", sage ich, „Miles hat nicht nur die Nez Percé gnadenlos gejagt, sondern auch die Sioux und Apache. Kein Indianerschlächter, nach dem nicht irgendwas benannt worden wäre."

„Du darfst das nicht so persönlich nehmen", sagt Tom. „Lass uns einen Schluck trinken." Er steuert in den Silver Saddle Saloon. Im Fenster der mit silbernen Beschlägen verzierte Sattel von Buffalo Bill, der Hotel und Saloon 1902 bauen ließ. Die Hunderttausend-Dollar-Bar aus Kirschholz, ein Geschenk der Queen an den alten Büffeljäger und Wildwest-Schausteller, war in Frankreich angefertigt, mit dem Schiff zur Ostküste und von der Ostküste per Bahn nach Red Lodge in Montana transportiert worden. Von da holte man sie mit Pferdefuhrwerken nach Wyoming.

Wir lassen uns zwei Old Crow pur und Flaschenbier übern Tresen schieben, wie es Sitte ist im Westen. Keiner trinkt Bier aus dem Glas. Verlangt man eins, weil man noch ein Greenhorn ist, bekommt man ein Weißweinglas, eine Sektschale oder ein Achselzucken. Mit geübter Handbewegung befördert die Lady die Kronverschlüsse im hohen Bogen in die Mülltonne für Kronverschlüsse. Die Flaschen sind eisgekühlt, wie es sein muss. Unsere Whiskeys werden nachgereicht. Tom schiebt zehn Dollar rüber, stupst den einen Dollar Wechselgeld in die fürs Trinkgeld vorgesehene Versenkung. Ortsbekannte Gäste bestellen auf Rechnung, alle anderen zahlen sofort. Melancholisch gestimmt, weil die Bardame gewechselt hat und mich nicht kennen kann, bringe ich einen Trinkspruch auf meinen besten Freund aus, dem ich genau hier den Namen Doc Holliday verpasst hatte. Für soliden Konsum waren wir seinerzeit an dieser Bar mit unseren Whiskey-Gläsern beschenkt worden, was einer Erhebung zum Einheimischen-Status gleichkommt und Kredit bedeutet. Wir prosten uns zu.

„Und warum hat sich dein Doc Holliday nun wirklich erschossen?“, fragt Tom und setzt das Glas hin.

Ich winke ab. „Heut sitzt er mit hier. Lassen wir ihn in Ruhe.“

„Ein Weib?“, fragt Tom.

„Sein Weib“, sage ich.

„Das ist schlimmer.“ Der lange Tom stopft seine Pfeife. Das Thema ist durch.

Einiges ist noch zu besorgen

Mit Real Bird zum Urenkel Sitting Bulls

Es ist Nachmittag und wir müssen noch dies und das besorgen. Für Tom einen Reitmantel, für mich einen neuen Hut. Getrocknetes Büffelfleisch, Klopapier und Dosenbier für den Ritt. Karten von den Pryor und Bighorn Mountains. Wir nehmen uns vor, heute zeitig ins Bett zu gehen.

Es kommt anders. Die Luft, salztrocken und heiß, macht durstig. Als die Sonne zwischen dem Geistberg und den Klapperschlangenbergen abtaucht, sind wir wieder reif für den Saloon. Wir gehen duschen, treffen uns in Buffalo Bills Bar, die am Abend nichts anderes ist als ein Stammkneipchen von Cowboys und Loosern der Gegend. Die Biker trinken ihre Dosen vor den Motelhütten, wo ihre Maschinen stehen, die Yellowstone-Touristen sitzen im Restaurant, wo es Spaghetti gibt oder fahren zum berühmten Night Rodeo. Wie oft im Leben ist man schon in Cody/Wyoming?

Vormittags, wir halten uns seit zwei Stunden am Frühstückskaffee fest, fährt ein Pickup vor, wie er nur aus einer Indianerreservation kommen kann, eine Verkehrsgefährdung, ein Tonne Sondermüll. Real Bird, wer sonst könnte es sein, erscheint in der Tür. Ein Indianer Ende sechzig, vierschrötige Figur, kurzes Haar. Jeans, kariertes Vierzehntagehemd, speckiger Hut. Unser Mann. Ich stehe auf, gehe ihm entgegen, „hi!“. Er reicht mir die Hand. Sie ist hart und greift zu, fährt danach an die Hutkrempe. Zwischen den Kragenecken eine Türkisbrosche der Navajo. Die schwarzen Augen eines geraden Mannes, der gern lacht.

Wir laden auf und Tom steigt als der fünf Wochen Ältere vorn zu. Ich richte mich auf der zugeschichteten Ladefläche ein – Kisten, Großpackungen von Mineralwasser, Säcke mit Spezialfutter. Weidezaunrollen und Fässer, in denen wer weiß was ist. Ich zünde mir eine an, genieße die Fahrt nach Montana. Die Plains, ein hügeliges Auf und Ab, nehmen kein Ende. Ab und zu ein paar Rinder auf einem eingezäunten Stück Land, ein Tank für Wasser oder Gas, ein Tümpel, zu dem ausgetretene Tierpfade führen. Das Land ist leer bis zu den fernen Rockys, unberührt, nur ein Zaun begleitet die Straße. Wir fahren drei Stunden, ohne einem anderem Auto begegnet zu sein, bis wir bei Connor ankommen. Wann wir die Grenze der Crow Indian Reservation passiert haben, ist mir hinten entgangen. „Vor einer Stunde", sagt Tom, „ein Schild am Straßenrand."

Connor, ein Kerl um die Sechzig mit Konfektionsgröße XXL, John-Wayne-Gesicht, John-Wayne-Hut, nimmt uns in Empfang. An den Wohnzimmerwänden John-Wayne-Bilder, John-Wayne-Kalender. Über der Couch aus massivem Wurzelholz ein Büffelschädel, ein Bärenfell. Daneben Artefakte aus den Indianerkriegen: der verrostete Metallkörper eines Revolvers, ein verrotteter Patronengurt, ein abgebrochenes Steinbeil. Auf dem Fernseher ein Einweckglas mit Klapperschlangenklappern, die Connor den erschlagenen Reptilien, als Skalp, wie er sagt, abzuschneiden pflegt. Ein Telefon gibt es auch, aber noch ist es nicht soweit. Im Waffenständer Pumpgans aller Kaliber, zweiläufige Büchsen, Unterbodenrepetierer. Wie verschüttete Büroklammern liegen Patronen um die abgegriffenen Kolben herum. Ein Jagdbogen mit Pfeilen steht in der Ecke.

Der rosigweiße Connor im rosa Hemd lacht. Ein Weißer, kein Zweifel, freut sich, uns zu treffen. Und doch Sitting Bulls Urenkel?

„Ja“, sagt Connor, „mein Großvater heiratete eine Tochter des Häuptlings. Schaut euch meine Nase an!“

Wir betrachten seine Nase gegen das Abendlicht der Prärie. Die Berge im Hintergrund tragen weiße Kappen. Blaue Berge, zu denen die Prärie aufschwappte und an der Baumgrenze landeinwärts erstarrte. Das Land der Crow, der Absarokee.

Ich opfere dem Kleinen Volk

Nachdem wir unser Tipi bezogen haben, gibt's erstmal Bier. John Plainfeather, mit dem wir am nächsten Tag in die Pryor Mountains aufzubrechen gedachten, lässt uns hängen. „Er wollte abends kommen“, sagt Connor und zuckt die Achseln.

Tom fragt nach den Pferden. „Die suchen wir morgen früh aus“, der Urenkel Sitting Bulls wischt sich den Bierschaum vom Mund. „Präriefeder bringt sein eigenes mit. Mehr als zwei Packpferde braucht ihr aber nicht.“

Der Weg zu unserem Tipi ist erhellt vom stillen Nachthimmel, über den ein winziges Sternchen langsam seine Bahn zieht – ein Flugzeug, in dem ein Film läuft. Zwei Kerle in der Prärie blicken zum Himmel auf, die Bergkette vor ihnen eine pechschwarze Silhouette. Ein Coyote heult. Dann ist Tag. Die Männer satteln ihre Pferde.

Wir führen die Tiere in einen verbeulten Trailer, der an einem Pickup hängt. John Plainfeather mit kleinem dünnen Schnurrbart und schwarzem Hut schwingt sich neben den Fahrer ins Cockpit. Wir steigen im Fond ein. Der Hund des Indianers springt auf die Ladefläche. Connor will uns westlich der West Pryor Mountains absetzen, damit wir von dort aus das Gebirge mit dem Custer National Forest

Connor hat nichts gegen Jagd auf Präriehunde

durchqueren und den Bighorn Canyon erreichen können. „Die Crow nennen ihn Tal der Häuptlinge, falls du das nicht weißt.“ Grinsend blickt er in den Rückspiegel zu mir hinter, biegt auf die schmale Piste, die von der Ranch nach der kleinen Indianersiedlung Pryor und von da nach Westen führt. Ein Stück folgt sie dem alten Bozeman Trail, auf dem vor hundertfünfzig Jahren vermutlich mehr Betrieb war als heute. Wir fahren über eine Stunde, ohne einem Menschen zu begegnen. Connor hält irgendwo zwischen den flachen Hügeln an einem verfallenen Holzpferch, das Gebirgsmassiv, durch das wir reiten wollen, liegt jetzt östlich von uns in schwer zu schätzender Entfernung. Die Sonne steht hoch am Himmel, und nur eine schwache Brise geht über das Gras. Wir führen die Pferde aus dem Trailer, binden sie mit dem Halfter an einen Querbalken des alten Pferchs, laden das Gepäck ab. Um uns her das Pfeifen von Präriehunden. Die Löcher der Baue, aus denen heraus die Nager sich sichernd aufrichten, um kurz darauf wieder in ihnen zu verschwinden, bilden ungleichmäßige Kreise. Plainfeathers Hund hetzt zwischen den Höhleneingängen umher. Ab und zu wieselt ein Tierchen von einem Loch zum anderen, stellt sich auf, pfeift und ist weg, bevor die Töle es schnappen kann.

Connor wuchtet unsere zwei Kartons Mountainbier von der Ladefläche und stellt sie neben den Berg aus Schlaf- und Pferdefuttersäcken, Lebensmittelkisten. Wünscht uns good luck und fährt ab. John, von dem ich weiß, dass er aus guter Familie kommt, nimmt oft an Rodeos teil und reitet ansonsten Pferde für zahlende Kunden ein. Er ist in unserem Alter, Mitte vierzig, ein stämmiger Kerl mit listigen schwarzen Äuglein. Angeblich war es nicht leicht, ihn für unsere Unternehmung anzuheuern, noch nie hätte er Leute mit in die Wildnis genommen. Aber weil ich darauf bestand, mit einem Indianer zu reiten, sei die Präriefeder so lange von Connor bearbeitet worden, bis sie endlich eingewilligt habe. Der Indianer lässt sich erst einmal ächzend auf eine Schlafsackrolle fallen und streckt die Beine von sich. Ich streichle das Pferd, das ich mir am Morgen ausgesucht hatte, lege ihm die Hand auf die Nüstern, um mich vorzustellen. Es ist ein brauner Quarterhengst von vier Jahren, etwas kleiner als Toms unruhiger kräftiger Appaloosa, und, wenn Connor nicht übertrieb, von besonderer Intelligenz. Na ja, momentan döst er, und ich überlege, was sein Name bedeuten könnte: Spat. Aber auch Toms Englisch hilft mir nicht weiter.

„Du bist verwandt mit dem berühmten Plainfeather?“ frage ich den Indianer, der sich entspannt.

„Mein Großvater.“ Er lächelt.

„Der letzte große Geschichtenerzähler der Crow“, sage ich, stolz auf meine Kenntnisse. „Er war sieben Jahre alt, als Häuptling Sits in the Middle 1877 starb. Er kampierte mit seinen Eltern gerade am Stinking River. Er wurde hundert Jahre alt.“ Ich lege den Steigbügel über den Sattel, ziehe den Gurt nach, schnalle die Chinks um.

„Das ist wahr“, sagt der Indianer und steht auf. „Woher weißt du das?“

Tom schiebt sich, weil es heiß ist, den Hut aus der Stirn. Die Luft flimmert über den Hügeln. Die Pferde wedeln mit den Schwänzen, wehren Insekten ab, reiben die Mäuler an der Vorderhand. Vögel steigen wie Computermoorhühner aus dem dürren Gras, verschwinden darin. Wir beginnen die beiden Packpferde zu beladen, was sich als schwierige Aufgabe herausstellt. „Die sind noch nie als Packpferde gegangen“, sagt John missbilligend, nachdem es den beiden rebellischen Tieren wiederholt gelungen ist, die Ladung auf die Seite zu schütteln. Schließlich zerren wir die Packsättel fester, lassen die beiden, die verrückt spielen wollen, noch angebunden.

Der lange Tom wirft uns Bierdosen zu. „Erst mal was trinken“, sagt er. Wir ziehen sie auf, dass es zischt. Ich kippe die Hälfte in die Prärie, trinke den Rest in einem Zug. „For the Short People“, sage ich zum Indianer hin. Tom zeigt mir den Vogel.

„Lege am besten eine Zigarette dazu“, sagt der Plainfeather-Enkel anerkennend und schiebt seine Winchester ins Holster, das am Sattel festgemacht ist.

„Warten wir bis zum ersten Lager.“ Ich weiß von der Heimtücke der Zwerge in den Pryor Mountains aus Joseph Medicine Crows Buch, aber muss ich das verraten?

Die Packpferde werden beladen

Rodeo mit zwei Pferden

Als wir unsere Reitpferde losbinden, bin ich von Spat angenehm überrascht. Wie angewurzelt bleibt er stehen, während ich aufsteige – eine nicht gering zu schätzende Tugend bei einem Pferd, das man kaum kennt und mit dem man in eine ungewisse Zukunft reiten wird. Tom hat mit seinem Appaloosa weniger Glück. Mit dem linken Fuß im Steigbügel, den rechten noch hoch über dem Pferdehintern, geht es munter ab. Aber der Freund, gut trainiert, kommt im Sattel an. Der Indianer nimmt das erste Packpferd am Strick, ich greife mir das zweite. Tom reitet nebenher. Über den Bergen, auf die wir zuhalten, steigt ein Adlerpaar auf, zieht weit seine Kreise. Seine Schreie veranlassen die Präriehunde zum Pfeifkonzert. Ich könnte es genießen, würde nicht das Packpferd mich mal links, mal rechts zu überholen versuchen. Mit Mühe nur gelingt es mir, es am Strick zurückzuziehen. Es weiß nicht, dass ein Packpferd hinter dem Reiter zu bleiben hat, weil es noch nie ein Packpferd war. Plötzlich fährt der Teufel in Spat. Er geht hinten hoch, buckelt, als ob ihm ein Puma aufgesprungen wäre! In wilden Sätzen springt das Pferd mit mir um die eigene Achse, dass ich wie beim Rodeo mich am Sattelknauf festkralle. „Loslassen!", ruft Tom entsetzt. Er meint den Strick, an dem das Packpferd hängt, der sich, was ich nicht sehen kann, um Spats Schwanz festgezogen hat, oben, am Arschloch! Das Packpferd tobt um mich herum, zieht die Schlinge hinter mir noch fester. Im wütenden Tanz der beiden aneinander gefesselten Pferde schmeißt es mich nach vorn über Spats Kopf in die Prärie. Dass mich einer der an mir vorbeifliegenden Hufe treffen wird, ist das Einzige, was ich denken kann.

„Are you okay?", höre ich den Indianer. Einen stechenden Schmerz in meiner Seite, versuche ich aufzustehen. Tom hilft mir, es ist das zweite Mal, dass ich ihm zeigen konnte, wie ein ordentlicher Looping geflogen wird. „Ich glaub schon", sage ich. Kopf, Arme und Beine sind jedenfalls heil.

Der Crow auf seinem Pferd lächelt. Er hält Spat am Zügel. „Du warst gar nicht schlecht! Acht, neun Sekunden? Hätte beim Cody-Rodeo womöglich für einen Platz gereicht!“

Zornig blicke ich zu ihm auf, doch er scheint's ernst gemeint zu haben. Ob ich wirklich in Ordnung sei, will er wissen. Der Schmerz in meiner Seite verhindert, dass ich mit den Handschuhen den Staub abklopfe. Nur indem Tom von unten schiebt, gelingt es mir, mich in den Sattel zu hieven. Er, der gewarnt ist, übernimmt mein Packpferd. Langsam setzen wir uns wieder in Bewegung. Mein Hengst, als ob er ein schlechtes Gewissen hätte, ist voller Aufmerksamkeit für mich, wie das Spiel der Ohren verrät. Ich stecke mir eine an, untersuche meine Blessuren. Der Köter, müde, sich von den Präriehunden narren zu lassen, trabt neben mir her. Nicht größer als ein Entlebucher Sennenhund, ähnelt das Tierchen in Körperform und Fell, wie es nebenher schnürt, einer Streifenhyäne perfekt. Mir kommen Zweifel an meiner Unversehrtheit. Es hat ein dunkles Auge und ein helles Auge und schielt in unbeobachtet geglaubten Momenten zu mir hoch, als ob es meine Skepsis spüre.

Mit John Plainfeather (rechts)

„Vielleicht hättest du doch besser eine Zigarette dazu legen sollen?" So redet mein Freund jetzt. „Wer weiß schon, was hier normal ist", sagt er und schnippt einen halben Müsliriegel in die Prärie.

Nach einigen Stunden im Schritt, mal im Trab, erreichen wir die Ausläufer der West Pryor Mountains. Die Sonne brennt, und die Hemden kleben uns auf der Haut. John hat uns süffisant erklärt, sein Hündchen, das auf den Namen Polly hört, nähme jeden Bären an, als ob er ein Karnickel wäre. In Erinnerung an andere Indianerhunde habe ich es mir verkniffen, in Toms Lachen einzustimmen. Denn eines ist noch nie vorgekommen: dass ein Indianer Sums macht um einen Hund. Die, die früher Wettbewerbe im Essen von rohen Hundelebern veranstalteten, für die Hund allemal eine Delikatesse ist, können gut mit Hunden umgehen. Auf die Idee, einen Hund hingebungsvoll zu kraulen, würden sie nicht kommen. Der Hund, wenn er denn bettelt oder seins nicht tut, bekommt einen Tritt. Der soziale Konflikt, die Frage, wer der Alpha-Wolf ist, bleibt ihm, solange ein Indianer sein Besitzer ist, erspart.

Das Reservationsland der Crow, Anfang des letzten Jahrhunderts unter den verschiedenen Familien des Stammes

aufgeteilt, wird zum größten Teil als Weideland für Fleischrinder genutzt, die keine Milchlieferanten sind wie europäische Rinder. Entsprechend unauffällig sind die Euter der Kühe. Einzeln oder in kleinen Herden verteilen sich die Tiere auf der Prärie. Man muss weit reiten, um auf Weidezäune zu treffen, Stunden unterwegs sein, ehe man auf Rinder stößt. Man kann Gabelantilopen oder Büffeln begegnen, Füchsen, Präriewölfen, Maultierhirschen. Die bewaldeten Berge, die einen großen Teil der Reservation einnehmen, sind Stammesland, Eigentum des Crow-Volkes. Jeder Crow kann jagen, was und wann er will, das amerikanische Jagdgesetz gilt hier nicht. Kein Weißer, es sei denn, eine Präriefeder ist mit ihm, darf reiten, wo wir reiten. Ich weiß nicht, ob mein redlicher Schulfreund, dem es aufs Sportliche ankommt, das zu würdigen weiß. Er wird nach Beamtentarif Ost bezahlt, hat den Zustand einer Stadtkanalisation zu verantworten, wo jeden Tag hunderttausend Kilo Scheiße anfallen. Er hat seinen Flug bezahlt, seine Übernachtungen bei Connor, das Pferd und seinen Teil für John. Er hat Urlaub. Sein Packpferd am Strick, reitet er auf die Berge zu, ein Mountain Man, der diese Weite mit nichts mehr tauschen wird – Bridger James, der zum dritten Mal eine Squaw gegen ein Muli versetzt hat.

Die schwarzen Punkte in der Ferne erweisen sich schließlich als ein Grüppchen von Stieren, die uns wie angewurzelt entgegenstarren. Im Trab folgen wir unserem Häuptling, der auf sie zuhält. Auf fünfzig Meter heran, zeigt er beiläufig auf die Kolosse. Die Hyäne, ein Blitz ist in sie geschlagen!, schießt los, eine Staubwolke hinter sich. Sie fällt die Riesen an, fährt ihnen an die Beine, die Klöten. Die Bullen schlagen nach ihr, wüten mit den Schädeln um sich, fliehen panisch nach allen Seiten. Die Töle jagt einem nach, ändert die Richtung, hetzt den nächsten. Der pfeffert nach hinten raus, doch Polly ist schneller. Sie beißt, wendet sich dem zu, der schon weiter weg ist, kommt zurück, bringt den Schwerfälligsten in Galopp. Der Indianer reitet seinen Pfad, als ob sich um ihn her nichts rührte, blickt kurz zum lachenden Tom rüber, lächelt über den blöden Hund.

Dann ist alles wie vorher. Polly läuft neben Spat her, weil ich manchmal das Wort an sie richte. Du bist ein dämlicher Hund, sage ich, aber ich bin auch dämlich. Ich habe mir womöglich am ersten Tag schon was gebrochen. Bleib nur bei mir, wer weiß, wozu es gut ist. Du schläfst in meiner Nähe und ich gebe dir die Knochen meiner Spare Ribs, ist das ein Angebot?

Keine Ortschaft, keine Straße, kein Mensch

Der Wald kündigt sich mit vorgesetzten, einzeln stehenden Grautannen an, die im steil ansteigenden Grasmeer die Brandung der Kräuter brechen. Prärielilien, Wildrosen, Anemonen. Bald stehen die Koniferen in Gruppen beisammen. Das Gras wird höher, die Pferde müssen im unwegsamen Hang über gestürzte Baumriesen steigen. Geäst ragt herauf, von Moos überzogen. Spat, wie sich zeigt, springt lieber über Hindernisse, als mühsam drüber zu steigen. Eine Bereitschaft, die mir entgegenkäme, wäre da nicht der

Schmerz in den Rippen. John, der die Gelegenheit nutzt, das rassige Pferd eines Kunden zu trainieren, ist uns jetzt im Schritt weit voraus. Um den Anschluss nicht zu verlieren, müssen Tom und ich, wann immer es das Gelände erlaubt, die Pferde traben lassen. Der Appaloosa, ein vorwärts drängendes Tier, fällt, sowie Tom den Zügel lockert, sofort in Trab und bei weiterem Nachgeben in Galopp. Auf den ersten Blick ein Vorteil, wenn man schon Mähren geritten hat. Bald wird sich aber herausstellen, wie anstrengend ein so irritiertes lebhaftes Pferd in der Wildnis werden kann. Der unauffällige Spat dagegen überrascht mich erneut. Er geht im Schritt am langen Zügel. Ständiges Bremsen bleibt mir erspart. Es genügt, dass ich das Gewicht leicht im Sattel verlagere, und er trabt an. Die Hacken zu benutzen ist nicht nötig. Er galoppiert aus dem Stand heraus, wenn ich die Zügel leicht vom Hals nehme, den jeweils äußeren Schenkel zurücklege. Ich pfeife ihm die Melodie, die schon viele gehört haben, angefangen bei meinem ersten Pferd Heidi, einer schwarzen sächsischen Warmblutstute von ähnlicher Statur, bis hin zum Pinto Sal, mit dem ich durch die Black Hills ritt. Alle Pferde, mit denen ich vertraut war, waren eher kleiner, wie Heidi eben, deren Haarsträhne an meinem Bücherregal neben dem

Halfter hängt. Manchmal sprechen wir noch von ihr, Tom und ich. An ihr lernte ich das Aufspringen, wie viele Male bin ich an ihre Seite geklatscht, ohne dass sie mich nur einmal verletzt hätte. Sal war schwierig. Ein Hengst, den zwei Cowboys halten mussten, damit ich in den Sattel kam. Ich habe drei Tage gebraucht, bis er sich von mir mit einem Apfel füttern ließ. Aber was für ein Kerl! Er kam herangaloppiert, morgens, wenn ich am Bach vor mich hin pfiff. Ich habe ernsthaft gerechnet, wie ich ihn von Süddakota nach Deutschland bringen könnte.

Wir folgen dem aufsteigenden Tal durch dichter stehende Grautannen und Douglasien, der Boden bedeckt von Steinen, zwischen denen Waldweidenröschen und Krähenbeeren wachsen. Hin und wieder kleine Matten von Kinnikinnik, wie die Indianer die immergrüne Bärentraube nennen. Die Haida bereiteten aus ihr harntreibende Mittel gegen Nieren- und Blasenleiden, manche Bergstämme und die Algonkin des Ostens und der Prärien rauchten ihre getrockneten Blätter. Einen Zweig davon hatte ich mir von meiner Reise zu den Cree vom Smoky River in Kanada mitgebracht. Bis heute liegt er neben den Havannas im Humidor. Dass die nomadisierenden Jägervölker den Kinnikinnik der besseren Brennbarkeit wegen mit Büffelmist streckten, halte ich für eine Fama. Auch, dass Kinnikinnik schon von alters her geraucht wurde. Vielmehr werden die Blätter der Bärentraube als Tabakersatz entdeckt worden sein von Stämmen, die aus dem Osten kamen und früher Tabak kultiviert hatten. Sie, die die Sesshaftigkeit aufgaben und Büffelnomaden geworden waren, hatten wohl den Brauch des Rauchens bewahrt. Tabak bekamen sie später nur von weißen Händlern und feldbauenden Völkern. Oder sie rauchten, was sie fanden: Kinnikinnik. Die Cheyenne, Blackfoot, Cree. Allein die Crow hatten ihren Tabaksamen vom Land der vielen Seen im Osten über tausende Kilometer und über Generationen hinweg mit in die Plains ge-

bracht und ihn ausgesät, wo immer sie Station machten. Bis heute ist die Tabakgesellschaft der stärkste und angesehenste Medizinbund der Crow. Er reicht mit seinen Wurzeln bis zu den Traditionen der Sesshaftigkeit, und es sind nicht zuletzt die Erinnerungen an eine Vergangenheit ohne Vertreibungen, die im Gebrauch der Pfeife, der Friedenspfeife, bewahrt werden.

Tom ruft zu John nach vorn: halten soll er! Die Ladung des Packpferdes, das der Indianer hinter sich her zieht, ist wieder mal heruntergerutscht. Und weil Tom froh ist, dass seine beiden Tiere keine Schwierigkeiten machen, reitet er weiter. Es ist an mir, abzusteigen und John zu helfen. Ich binde Spat an einen verwachsenen Wacholder, wate, die Beine steif, durch kniehohes Gesträuch. John hat schon die Bagage runter gewuchtet und den Gurt gelockert. Die Nieten der Halterung einer Packtasche sind gebrochen. Wir versuchen, aus Lederbändern Riemchen zu schneiden, was nicht einfach ist. Zwei passen schließlich, und wir können den abgerissenen Henkel anbinden. John wuchtet die schwere Tasche hoch und traut mir zu, dass ich mich trotz der Lädierung unter sie stemmen kann. Es gelingt uns, die Ladung gleichmäßig zu verteilen. Die drei Packen sitzen

wieder fest. Jetzt muss ich sehen, wie ich ohne Toms Hilfe in den Sattel komme. Um vor Präriefeder keine allzu klägliche Figur zu machen, suche ich mir einen gut im Gras verborgenen Stein, führe Spat so, dass er gleich daneben zu stehen kommt. Steige, während der Indianer sich in den Sattel schwingt, auf den Stein und von dieser Position mit dem Fuß in den Steigbügel. John hat nicht gegafft.

Aus dem Wald über uns taucht Tom auf, der, das Packpferd bei sich, zurückgekommen ist. Er wirft einen Schneeball in die Luft. „Ein Stück weiter liegt Schnee!", ruft er ausgelassen, „come on!"

Der Waldboden ist voll von Preiselbeersträuchern, und von den Bäumen hängen Moosbärte. Unter den Hufen splittern Äste, die von Stürmen herabgerissen im Gesträuch liegen. Ein gestürzter Baum versperrt mir den Weg. Ich dirigiere Spat, der jeder kleinen Aufforderung, die Richtung zu ändern, leicht nachkommt, durch die jetzt enger beieinander stehenden Bäume. Plötzlich bleibt er zwischen zweien stehen. Ich taxiere den Abstand, erkenne, dass *er* da durch passen würde – ohne mich. Der Hengst tritt vorsichtig zurück. Am langen Zügel lasse ich ihn sich selbst den Pfad suchen, um später den Vorfall als Experiment nachzustellen. Das Ergebnis ist das gleiche. Er folgt meiner Anweisung, tritt in das Hindernis, bleibt stehen, bevor meine Stiefel auch nur einen der beiden Stämme berühren. Für einen akut Versehrten ein idealer Partner! Begeistert klatsche ich seinen Hals.

Die Wasserscheide der West Pryor Mountains, einen mit verkrüppelten Borstenkiefern und Felsengebirgswacholdern dünn besetzten Gebirgskamm, überqueren wir am späten Nachmittag. Schneefelder wechseln mit bunt blühenden Flecken, an denen keines der Pferde vorbeikommt, ohne sich ein Maul voll im Schritt abzurupfen. Dieses Fressen bei der Arbeit, von Reitern in Europa nicht

toleriert, stört uns längst nicht mehr. Meistens lassen wir die Tiere gewähren, genießen die Aussicht. Denn der Himmel Montanas ist so weit. Man meint, mühelos das Wetter des nächsten Tages vorhersagen zu können. Die Prärie, ein fernes warmes Meer, liegt tief unter uns, bläulicher Dunst bedeckt sie. Am jenseitigen Ufer leuchten weiß die Gipfel der Absaroka-Beartooth-Wilderness – Grizzly Peak, Wapiti Mountain, Silver Run Peak – alles Dreitausender. Keine Ortschaft, keine Straße, keine Menschen, so weit der Blick reicht! Das Land, unbewohnt wie vor hundert Jahren, nimmt uns auf.

Ein Indianer *und* ein Crow

Am Abend finden wir ein schmales schattiges Plateau. „Zum Wasser ist es weit", sagt John und weist ins Tal. „Aber der Platz ist gut, wir haben Schnee, um Kaffee zu kochen."

Wir suchen Plätze für unsere Pferde. Ich entscheide mich für eine abseits stehende alte Kiefer, die fest genug verwurzelt ist, dass Spat sie nicht fortziehen kann und die einen gewissen Schutz vor Wettern bietet. Nehme ihm die

Der Indianer hat sich dem Schlaf ergeben

Trense ab, ziehe das Halfter über, binde ihn mit dem Strick so an einen dicken knorrigen Ast, der ihm Freiheit lässt, sich zu bewegen. Die saftigen Kräuter gefallen ihm, er beginnt gleich zu fressen. Ich helfe Tom und John beim Abladen der Packpferde. Wir verteilen alles zwischen Steinen und Salbeisträuchern, erschöpft lösen wir die Schnallen unserer Chinks. Mit einem Sack Kraftfutter stakse ich durch die Büsche zurück zu Spat, befreie ihn erst einmal von Sattel und Decken. Ich lege mich neben den geöffneten Sack mit Hafer, Trockenobst und Kleie, erzähle dem Pferd, das mit gesundem Appetit frisst und mir von Zeit zu Zeit einen Blick gönnt, was ich von ihm halte. Unsere Köpfe sind sich ganz nahe. Das samtig schwarze Maul verrenkt sich genüsslich bei der Mahlzeit. Ich tätschle seinen Hals, fahre nochmal mit der Hand über die Nüstern und quäle mich hoch, damit ich mir endlich ein Bier holen kann.

Im Zentrum der im Gelände verteilten Pferde und Gepäckstücke finde ich den Indianer, wie er sich, unter einem Baum ausgestreckt, dem Schlaf ergeben hat. Tom, pflichtbewusst, wie ich ihn seit fast vierzig Jahren kenne, versucht Ordnung in unsere Lage zu bringen. Zerrt die Taschen zueinander, kramt die Schlafsäcke heraus. Er zeigt auf John Plainfeather, hebt fragend die Schultern: Ist der etwa fertig? Ich antworte mit der gleichen Geste. „Suche du Bier und Fleisch", sage ich, „ich mache Feuer, soll er sich doch ausruhen!" Der Wald ist faszinierend genug, Holz über Holz. Sprießendes, morsches, im Winde gebleichtes, kahl wie Gebein oder von Moos überzogen. Ich suche trockene dicke Äste aus, reiße sie aus ihrer Verflechtung, schleppe sie zu der Stelle, an der es brennen soll: eine kleine Lichtung, von Wacholdern umstanden. Die Pferde sind um den Platz herum angebunden, eines zehn Meter entfernt, ein anderes zwanzig, ein weiteres dreißig. Mein Spat unter dem alten Baum, ein Schemen gegen das verglimmende Abendlicht, gibt den zufrieden fressenden Außenposten. Die Sterne verschwinden mit dem endlich auflodernden Feuer. Tom hat die Pfanne über Steinen so platziert, dass die Spare Ribs leise zu singen beginnen. Er stopft sich eine Pfeife. Gemeinsam lassen wir das Bier zischen. Eine Stille, wie sie nur zwischen Dämmerung und Dunkelheit entsteht, wird unterbrochen vom leisen Schnarchen des Crow im abfallenden Gelände vor uns. Es duftet nach vertrockneter Wiese, nach schwelendem Holz und sich abkühlender Nacht. „Am Ende bin ich schon Opa", sagt Tom und wirft eine Wurzel ins Feuer, dass es Funken stiebt.

Es knackt. Stiefel durch Bodendecker gezogen. Johns Gestalt tritt ins Licht des Feuers. Er kommt heran, reibt sich die Augen, lächelt zufrieden und sieht nach der Pfanne. Der Hund, der ihn aufgeregt begrüßt hatte, gesellt sich wieder zu mir. Er blickt mich an, als ob ich mich an das Versprechen erinnern soll – an die Kochen meiner Spare Ribs.

„Fünf Minuten", sagt Tom. Der Crow holt seinen Schlafsack, breitet ihn zwei, drei Meter neben dem Feuer aus, macht es sich drauf bequem. Er fragt, ob ich für die Zeitung schreibe in Europa. Und ob ich schon bei anderen Stämmen war. Connor habe ihm so etwas gesagt. Ich sage, es seien vor allem Bücher, die ich schreibe, und beginne, von meinen Reisen in den Westen zu berichten. Als er von meiner Zeit bei den Navajo hört, wird er munter. Seine erste Frau sei eine Navajo gewesen. Zwei Töchter habe er mit ihr, und die seien eine vortreffliche Mischung geworden: Crow und Navajo! Er lacht. Ich erfahre, dass er inzwischen mit der vierten Frau verheiratet ist, einer Crow wie die zwei Letzten.

„Yá`át`ééh!", sage ich, was heißt: *es ist gut!* Die Navajo begrüßen einander so.

Plainfeather ruft nun seinerseits „Yá`át`ééh!" und klatscht sich auf den Schenkel.

Ich frage ihn nach den entsprechenden Crow-Worten.

„Zur Begrüßung?", fragt er zurück.

Ich nicke.

„Kalatschi di ogawig“, sagt John.

Nicht ohne Genugtuung erzähle ich auch von meinem Besuch bei den Oglala Sioux, von Little Finger, dem Urenkel von Häuptling Big Foot. Vom Massaker am Wounded Knee Creek, bei dem 1890 Big Foot und 300 halb verhungerte, entwaffnete Sioux von der reorganisierten 7. Kavallerie mit Sprenggranaten zusammengeschossen wurden. Von Russel Means und Dennis Banks, die, unterstützt von anderen Aktivisten der indianischen Protestbewegung, den Ort des Geschehens 1973 medienwirksam ein Vierteljahr mit Waffengewalt gegen die Nationalgarde hielten. Von den Gedächtnisritten, die jährlich von Reitern verschiedener Stämme am 28. Dezember zum Wounded Knee unternommen werden – einem Kampftag indianischen Widerstands.

John Plainfeather hört zu, nickt dann und wann. Er wirkt verunsichert. Er ist ein Indianer *und* ein Crow. Als Indianer müsste er am 28. Dezember mitreiten, als Crow ritte er mit denen, die seine Voreltern an der Seite der US-Armee bekämpft haben. Die Soldateska war der Bündnispartner seines Stammes.

Meine Situation ist nicht weniger heikel. Woher nehme ich das Recht, ihn in Konflikte zu verwickeln? Noch dazu im Herzen seines Stammeslandes? Tom reicht John und mir ungerührt Ribs mit dem Messer.

Der Crow erweist sich als diplomatischer Gesprächspartner, fragt nach den Lebensumständen in der Sioux-Reservation, die er so gut kennt wie ich. Pine Ridge ist nicht weit. Ich lobe Tom für seine Spare Ribs. Polly, längst aufgesprungen, verfolgt hechelnd jeden Biss von mir. Man müsste Indianer sein, um ihr Betteln zu ignorieren. Am Ende lasse ich Fleisch am Knochen, werfe ihr zu, und sie fängt auf. Ihr Besitzer schaut drüber weg.

Nach dem Essen, John starrt schweigend in die Glut, müssen wir unsere Bergzelte aufbauen. Wir breiten den Stoff, Eingang an Eingang, auf einer kleinen Lichtung am Rande des Feuerscheins aus, fädeln die Fiberglasstäbe in die Nylonlaschen, spannen die Kuppeln. Wie ich durch den niedrigen Eingang in den winzigen Innenraum kommen soll, weiß ich noch nicht. Ich sollte die Stiefel draußen lassen, aber was, wenn es nachts zu regnen beginnt? Tom ist eher fertig als ich. Er hilft mir, die Heringe in den Boden zu rammen. Der Boden ist mit Steinen durchsetzt, und alle Heringe verbiegen sich. Für den Fall, dass ich diese Nacht überstehe, nehme ich mir vor, unter freiem Himmel zu schlafen wie John. Der liegt immer noch auf seinem Schlafsack, den Kopf auf den Arm gestützt. Schaut hoch zu uns Emsigen. Sein Gesicht wird vom Licht des Lagerfeuers konturiert. Wir lassen uns bei ihm nieder.

Nächtliches Tohuwabohu

Die Nacht umfängt uns mit rätselhaften Stimmen wie aus fernen Erdzeitaltern. Es duftet nach kühlem Waldboden, nach warmem Gras und dem grünen Holz, das die Feuerstelle begrenzt, es beginnt zu schwelen. Wie immer fühle ich mich fürs Feuer zuständig, gehe, Nachschub an Holz zu holen. Langsam, dass die Augen sich gewöhnen können, suche ich mir den Weg zum nahen Wald, stehe am Abgrund, der sich an dieser Seite unseres Plateaus auftut. Der Mond, hier hat er seine angestammte Rolle! Es ist ihm nicht anzusehen, dass Fahnen in seinen Sand gerammt worden sind. Der Kojote im schwarzen Wald heult zu ihm auf – Old Man Coyote, Helfer des Großen Geistes, Kulturbringer der Crow und Hidatsa. Der die Menschen lehrte, wie sie viele Büffel auf einmal töten konnten: indem sie eine Herde über eine verborgene Klippe wie hier in den

Abgrund lockten. Wären die Crow *der* Kriegerstamm des Westens geworden, wenn sie diese Technik der Massenschlachtung von Bisons nicht verstanden hätten? Noch heute kann man die Büffelfallen im Crow Territorium finden, Klippen, über die Herden getrieben wurden. Kann man Knochen ausgraben bei diesen Klippen. Zu Tausenden liegen sie unter der Grasnarbe.

Haben etwa unsere Vorfahren anders gejagt? Hier komme ich zu meinem Essen, weil wir mit Fleisch eingedeckt sind und die bewohnte Welt in der Nähe haben. Wären aber Urwälder statt dessen und Grassteppen, von Ozean zu Ozean? Was müsste ich unternehmen, allein in dieser Wildnis, damit ich nicht gefressen werde, erfriere oder verhungere? Was, wenn ich meine alte Mutter, alle meine Töchter und drei weitere Weiber zu versorgen hätte? Würde ich mir nicht eine Höhle suchen und Holz holen wie jetzt? Wie könnte ich, einen Knüppel in der Hand, ein Tier erlegen, mich vor nomadisierenden Rivalen schützen? Götter würde ich erfinden, damit ich es ihnen klagen könnte!

Ich klaube gebleichte Äste aus dem Gras, reiße trockene von den Bäumen. Links ein Gesperre, rechts ein Gesperre, ziehe ich zurück zum Feuer. Tom erwähnt gerade, dass er sechsundvierzig ist. Und ich sei ebenfalls sechsundvierzig.

„Ich bin fünfundvierzig", sagt John.

„Du junger Spund!" sagt Tom, lacht, als ob wir den Krieg vor der ersten Schlacht gewonnen hätten. Der Hund springt an mir hoch. Präriefeder schiebt Holz nach, das Feuer kommt noch einmal aus der Glut. Tom schindet sich hoch, sagt: „Nacht Leute! Ich hau mich aufs Ohr."

Ich bleibe noch, biete John einen Schluck aus dem Flachmann an. Er dankt: „Nicht mehr. Nicht gut für Indianer." Der Medizinmann habe ihn überzeugt.

Ich muss an den Comanche Jimmy denken. Auch er hat, wie viele seines Stammes, dem Feuerwasser abgeschworen, während andere nach wie vor schon vormittags in der Tipibar hockten und jeden zum Häuptling ausriefen, der eine Runde gab. Und auch um es durchzuhalten, hatte sich Jimmy aufs Tanzen verlegt, auf Powwows. „Comanche – the Lords of Southern Plains" lautet ein Slogan über den in Disziplinen gegliederten Wettbewerb: mit Startnummer auf dem Rücken zum Adlertanz... – Was täte ich? Als Indianer? Würde ich um meine Identität tanzen, ein Volkskünstler, der im Supermarkt jobbt und abends den weißen Kittel gegen Leggings und Lendenschurz tauscht, sich Federn ins Haar schiebt?

„In dreißig, vierzig Jahren werden wir einen Lakota-Gouverneur in Süddakota haben", sagt Little Finger, der Sioux. „Wir werden die Mehrheit sein."

„Eine lange Zeit", sage ich.

„Zeit ist Illusion. Es gibt nur Indianerzeit."

Der Crow, inzwischen ausgeruht, mustert mich aus munteren Augen, lächelt mir vom Schlafsack aus zu. Er versteht, scheint es, Rede und Gegenrede in mir, schweigt. Ich werfe ihm eine Zigarre hinüber, die er behende fängt.

„Good smoke“, sage ich, und er riecht daran.

Aus Toms Zelt ist ein langer Furz zu hören, das Rascheln des Ajungilak-Schlafsacks. Ohne getrunken zu haben, schraube ich meinen Flachmann zu.

In der Nacht rächt es sich, dass ich meine Schlafmatte zu Hause ließ. Steine im harten Boden drücken ins Kreuz. Es ist zu kalt, und ich friere im Sack. Im Halbschlaf wälze ich mich lange von einer Seite auf die andere, höre ich die Pferde wiehern, mit den Hufen scharren. Der Hund schlägt an und fegt, dem Geräusch nach zu schließen, durch die Preiselbeerbüsche in die Richtung, aus der wir am Abend gekommen waren. Als sich die Aufregung draußen gelegt hat, bin ich wach. Ein Bär, der möglicherweise unserer Spur gefolgt ist, sich in der Nähe herumtrieb? Ein Kojote, auf der Suche nach Fressbarem? Ich ziehe den Reißverschluss des Zeltes auf. Tom scheint nichts gehört zu haben, ich kann ihn leise schniefen hören. John liegt eingerollt unter seinem Wacholder. Glut sehe ich nicht mehr, und der Himmel sagt mir, dass Mitternacht noch nicht lange vorbei sein kann. Die Schmerzen in meiner Seite sind stärker geworden, und es macht Mühe, aus dem Zelt zu kommen. Um meine Blase zu erleichtern, gehe ich nicht weit, aber weit genug, dass Polly auf mich aufmerksam werden müsste. Es bleibt still, nichts erinnert mehr an das Tohuwabohu. Klar, ich habe geträumt! Um die Rippen zu schonen, krieche ich auf allen Vieren zurück ins Zelt, stecke mir eine an, genehmige mir nun doch einen Schluck. Ich schlage die Plane zurück, damit ich den Himmel sehe. Mit Doc Holliday saß ich seinerzeit in den Black Hills genauso im Eingang. Wir beobachteten Maultierhirsche, wie sie im Mondlicht zwischen unseren Pferden ästen. Wie haben wir über die Engländer gelacht, die wir getroffen hatten und die uns für Russen oder andere Wilde hielten! Wir waren im schon stattlichen Alter über die Rocky Mountains geritten, die

Prärie, kamen uns vor wie die ersten Trapper. Und mit den Wochen verwilderten wir tatsächlich, und dir, mein Freund, war nicht mehr anzusehen, dass du einst ein Arzt warst, Knaben hattest, die du zum Klavierunterricht schlepptest. Du warst heruntergekommen mindestens wie der echte Doc Holliday, nach dem ich dich benannt hatte, und fühltest dich sauwohl in der speckigen Kluft. Du hast die Heimkehr nicht vertragen! Mann, hätten wir uns nicht in Amerika einrichten können? Damit du am Leben bleibst, hier in den Wäldern. Elche hättest du erlegen können, statt auf dich selbst zu zielen...

Aus dem Wald ist der Schrei einer Eule zu hören, die Beute gemacht hat. Ich werfe die Kippe vors Zelt, strecke mich in den Schlafsack. Alle Müdigkeit ist weg geblasen.

Ein Puma auf zwei Beinen

Am Morgen, ich steige aus dem Tiefschlaf ans Licht, höre ich Freund Tom *Tom Dooley* pfeifen. Wie immer ist er früher auf als ich, und wie immer hat er gute Laune, ein Tatmensch, wie ihn sich die Stadtverwaltung nur wünschen kann! Ich schaue auf meine Jagduhr, deren Zifferblatt giftiggrün leuchtet: 6.30 Uhr! Drehe mich auf die Seite, so gut es geht. Das Geräusch eines Strahls Wasser, der auf Bodengestrüpp trifft. Ein zufriedenes Ächzen, das das Pfeifen unterbricht. Kurz darauf zerkrachen trockene Äste, Tom macht Feuerholz. Und nach *Tom Dooley* wird *La Paloma* gepfiffen. Ich gebe es auf, nochmal schlafen zu wollen, krieche ins Freie. Der Reisekamerad hält einen Knüppel, den er mit dem Fuß zertreten will. Sein frohgemutes Gesicht mit Ho-Chi-Minh-Bärtchen lacht mich an. Die Wangen gerötet, das kurze Haar verquer. Ein ulkiger Großvater. Es amüsiert ihn, mich wach zu sehen.

„Mein Pferd ist weg“, sagt er, „irgendwas muss nachts passiert sein. Aber der Häuptling schläft noch.“

Ich strecke mich. Es ist ein klarer, blauer Morgen, auf dem Gras glänzt Tau. Schneeflecken im Schatten der Bäume leuchten in der Frühsonne. Tom schleppt Bruchholz zum Feuerplatz, neben dem John immer noch regungslos im Schlafsack liegt. Ich ziehe Hemd und Hose aus, reibe mich mit Schnee ab, beginne zu singen. *Oh, du schö-ö-ö-ner We-e-e-esterwald...* Das ist selbst für den Crow zuviel! Er rappelt sich, setzt sich auf.

„Mein Pferd ist weg", sagt Tom.

Der Indianer erhebt sich, als ob es zum Zähneputzen ginge, legt die Chinks an, nimmt das Lasso, sattelt sein Pferd. Er reitet im Schritt aus dem Lager.

Ich zündele am trockenen Gras, klein gebrochenem Gezweig, und Tom packt die Blechkanne voll mit Schnee. Es dauert, bis der geschmolzen ist, das Wasser langsam zu sieden beginnt. Nach drei Stunden, John kehrt mit Toms Pferd am Lasso zurück, ist alles fertig. Kaffee köchelt am Rande des Feuers, die Eier mit Speck haben dürre Ränder. Plainfeather bindet den Ausreißer an einen Baum, sein Pferd an den nächsten. Lächelnd reibt er sich die Hände und setzt sich zu uns. Tom reicht ihm den Pappteller mit vertrocknetem Spiegelei.

„Ein Bär", sagt der Indianer, „eine frische Spur, gleich da vorn. Das Pferd ist zurückgetrabt. Im Tal vor der Wasserscheide hab ich es gefangen."

Polly springt um mich herum, versucht mein Gesicht abzulecken. Es fällt mir schwer, sie auf Distanz zu halten. Sie schnappt nach allem, was ich vom Teller werfe. Den angebrannten Ei-Rändern, den eingerollten schwarzen Speckstückchen. Nach dem Essen reicht der Kaffee noch für mehrere Pötte. Tom raucht sein Pfeifchen, ich meine Zigarre. John kaut einen Grashalm. Es scheint, als ob er ans Weiterziehen nicht denke. Tom und ich erheben uns nach dem letzten Schluck, brechen die Zelte ab, packen alles zusammen. Die Sonne steht schon hoch am Himmel, und es geht auf Zehn zu. Schließlich erhebt sich auch John, rollt seinen Schlafsack ein, scharrt Schnee in die Pfanne, wirft den Schnee aufs Feuer. Wir beginnen die Tiere zu füttern. Beim Beladen der Packpferde arbeiten wir Hand in Hand. Das schwierigste Kapitel auch fürderhin. Dann sattelt jeder sein Reitpferd. Spat, noch immer dösig, lässt sich zum Aufzäumen ohne Schwierigkeiten das Maul öffnen. Ich verstaue Fotoapparat, zwei Dosen Bier und für den Hengst drei Äpfel in den Satteltaschen. Schnalle die Chinks an, ziehe die Handschuhe drüber. Der Indianer sitzt schon im Sattel und hat die beiden Packpferde hintereinander gebunden. Er will sie heute allein führen, eine noble Geste.

Im Schritt verlassen wir das Plateau, John mit den Packpferden voran, Tom auf seinem Appaloosa hinterher, ich am Schluss. Polly neben mir. Sie muss sich beeilen, um nicht zurückzufallen. Das hält sie nicht davon ab, sich von Zeit zu Zeit von meiner Anwesenheit zu überzeugen. Hechelnd blickt sie zu mir hoch, ihrem exotischen Freund.

Unser Rodeoreiter hat sich auf die Macken der unerfahrenen Packtiere eingestellt und das Duo auf ihn. Tom genießt es sichtlich, dass es endlich weitergeht. Die blauen Berge im Westen: wiederum eine perfekte Filmkulisse. Auch die Hochprärie, über die eine kleine Karawane zieht. Dann fährt die Kamera zurück. Die Weiten der Landschaft kommen ins Bild, die weißen Gipfel des Custer National Forest, die im Hintergrund aus der Prärie aufsteigen, die Täler der West Pryor Mountains. Weiter zurück gezoomt, werden die drei Kerle mit ihren Pferden zu Pünktchen, die sich kaum noch bewegen. Eine kleine Staubfahne zeigt an, wo sie zu finden sind. Hundertmal gesehen, immer wieder das Gleiche. Aber das da unten sind wir: Tom, John und ich.

Der Crow, nachdem er sich seiner Packpferde versichert hat, reitet bald Trab. Mittag geht vorüber, die Sonne bewegt sich dem Horizont zu. Wir sitzen Stunde um Stunde in un-

Warnung vor dem Bär

Cody

Tom macht sich mit dem Appaloosa bekannt

Erster Galopp auf Spat

John Plainfeather, der Crow aus guter Familie

Aufbruch in die Berge

Ich erzähle dem Pferd, was ich von ihm halte

Wir machen Meile um Meile

Tom, ein Mountain Man, der diese Weite mit nichts mehr tauschen will...

Ohne Pause reiten wir bis zum Abend durch, traben über Ebenen, folgen Tälern

Angekommen

Die Canyonwand, von der die Pferde nur Meter trennen, fällt senkrecht ab

Mit Tom (rechts) früh am Feuer: „Wir erwarten kein Pardon und gewähren keins.“

seren Sätteln, ohne dass es eine Pause gibt. Es geht durch Ebenen, und Tom und ich müssen, weil wir dem Tempo nicht mehr im Trab folgen können, Anhöhen im Galopp nehmen. Auf einem Kamm schließlich, der in einen Canyon abfällt, sehen wir das erste Packpferd wieder in Nöten: das Gepäck rutscht. Tom galoppiert nach vorn, um John Bescheid zu sagen. Der springt ab, nimmt sich der Misere an. Auch Tom steigt aus dem Sattel, bindet seinen Appaloosa an eine Krüppelkiefer. Das Packpferd, beunruhigt, lässt an sich herum zerren. Dann wird es verrückt, pfeffert hinten hinaus, reißt das andere mit. Johns Pferd bricht aus. Der Appaloosa wird von der Panik angesteckt, auf der Hinterhand stehend zerrt er an seinem Baum. Die Situation gerät außer Kontrolle. Tobend kommt das aneinander gefesselte Pferdepaar den Hang herunter auf mich zu. Die Kisten und Säcke gleiten von Sprung zu Sprung weiter zur Seite. Ich stelle Spat an den Zügel, versuche ihn durch Halstätscheln zu beruhigen. Aber auch er ist ein Flucht- und Herdentier. Sein Instinkt sagt ihm, dass er es mit einem angreifenden Raubtier zu tun hat. Das Raubtier ist der Crow, der hinter den Packpferden her rennt, die auf die Canyon kante zutanzen. Schon sehe ich sie tot im Abgrund und unsere Habseligkeiten verloren.

„Gib mir dein Pferd!“ schreit er mir zu, und bevor ich begreifen kann, was er mir zumutet, steige ich, so schnell es eben geht, ab. Ich habe Schmerzen. Nur mit Mühe halte ich Spat, dem das nun doch zu weit geht, am Zügel. Der Indianer, ein Puma auf zwei Beinen, versucht mein Tier zu übernehmen. Spat bricht zur Seite aus. Die Kamera zieht scharf: Der Crow holt das Pferd ein, springt im vollen Galopp auf, eine Szene wie gedoubelt. Plainfeathers Lederriemen kreist, dass Spat wie von Sinnen dem Paar hinterher rast. Und so gewandt er aufsprang, so gewandt springt der Häuptling kurz vorm Abgrund herunter, fällt einem der Packpferde ins Halfter, lässt sich zwischen die Hufe ziehen.

Oben am Hang hat sich Tom auf sein Ross schwingen können, das unter ihm immer noch einen Aufstand probiert. Mit Mühe dirigiert er das schäumende Tier in unsere Richtung. Ich übernehme Spat, bringe ihn zu einem alten Baum, binde ihn an. Die zwei Packpferde zittern noch in den Flanken. Der Puma behandelt sie mit therapeutischem Einfühlungsvermögen, erklärt ihnen, dass alles weniger schlimm ist, lockert den Bauchgurt, damit sie durchatmen können. Mehr als wir sind die Chaoten erlöst, verlegen zupfen ihre Mäuler an den Sträuchern – die Canyonwand, von der sie nur wenige Schritte trennen, fällt, fast senkrecht, zwanzig, dreißig Meter tief ab.

Plainfeather nimmt mich am Ärmel, zeigt auf die Felsformationen an der gegenüberliegenden Wand, bizarre Burgen. „Das sind ihre Wohnungen", raunt er. Tom, der herangekommen ist, soll es nicht hören.

„Das kleine Volk?"

„Ja", sagt John.

Der Kampf beginnt

Wenn ein Indianer in jemandem einen Freund vermutet, fordert er ihn zum Kampf. Der Kampf kann ein einfaches sportliches Turnier sein, ein Kräftemessen, aber auch ein halsbrecherisches oder kriminelles Unternehmen. Herausfinden will er, wer couragierter ist. Die Auseinandersetzung muss nicht angekündigt, erklärt werden wie ein Krieg zwischen Staaten. Sie kann schleichend herbeigeführt werden, ohne dass man darüber redet. Ein Indianer, wenn er nicht bei weißen Adoptiveltern aufgewachsen ist, ist immer noch in seiner Seele ein Krieger. Ein *Arbeitsloser* ist er in dritter, vierter Generation – eine zu kurze Spanne für sein Herz. Der Krieg auf den Plains – saisonale Züge gegen die Nachbarstämme – war Tradition, solange das kollektive Erinnerungsvermögen zurück reicht. Und selten ging es darum, zu vernichten, den Gegner zu töten. Die Indianer der Prärie und des Felsengebirges rangen um den Ruhm, den Gegner zu demütigen. Mit Coupsstäben den Feind zu berühren galt mehr, als ihn zu erschießen. Ein Spiel, bei dem Tapferkeit, List und Fairness zählten. Eine ritterliche Kultur der Steinzeit.

Oscar, der Navajo, bot mir eine ungewöhnliche Mutprobe an. „Wenn wir zu meiner Großmutter kommen", sagte er, nachdem wir Wochen durch die Wildnis seines Stammesland geritten waren, „sie hat eine große Herde Mustangs in ihrem Korral, stellst du dich in die eine Lücke, die wir in das Gehege brechen, und ich mich ein paar Meter daneben in die zweite. Dann werden die Mustangs von Neswood und den anderen auf uns zu bis zum Durchgehen getrieben – stampede!". Er malte es mir in den Sand: den Korral in der Form eines Hufeisens, die beiden kleinen Ausgänge, einen Punkt, der soll ich sein, in die rechte Lücke, einen zweiten in die linke. Dann ein Bündel Pfeile, das in den Pferch weist. „Wer zuerst zur Seite springt, hat verloren!" Oscar, sonst ein wahrer Gemütsmensch, ruckte herausfordernd grinsend mit dem Kopf. „Ouu", sagte ich, was blieb mir auch, „wehee!" Er lachte zufrieden: „Ouu!"

Das unausbleibliche Kräftemessen beginnt damit, dass Plainfeather über alle Pausen hinweg bis zur einbrechenden Dunkelheit durchreitet. Wir folgen ihm ohne zu murren acht, neun Stunden. Abends, es regnet seit Mittag, hält er auf offener Hochprärie, fragt scheinheilig, wie es uns gefällt. „Gut“, sage ich, „bleiben wir hier?“

„Kein Ort zum Schlafen“, er lächelt, „erst dort drüben, wo wir Holz haben!“

Ich steige wieder auf. Weit am Horizont, scheint es, erwartet uns Wald. Die Dämmerung lässt vieles verschwimmen. Tom winkt resigniert ab. Wir reiten weiter, die Gebirgszüge kommen näher. Auf meiner phosphoreszierenden Uhr zeigt der Zeiger auf zehn, als der Crow endlich aus dem Sattel springt, den Packpferden endlich den Gurt aufzieht. Der Ort ist eine von mittelgroßen Bäumen gefasste flache Talsenke. Das Gras klitschnass. Wir binden die Pferde an die dicksten Stämme, tragen die Sättel zu dem Platz, wo wir lagern wollen, richten unsere Schlafstellen

her. John, scheint es, braucht kein Feuer. Er streckt sich hin, schlägt den aufgeklappten Schlafsack über sich zu. Die Nacht lässt die letzten Konturen verschwinden. Das Flämmchen, das wir noch zustande gebracht haben, erhellt Toms kindliches Gesicht. Wir kauen getrocknetes Büffelfleisch. Es ist nahrhaft und sättigt selbst in kleinen Portionen. Ein kehliger Tierschrei aus dem nahen Tal, hundert, zweihundert Meter entfernt. Das leise regelmäßige Atmen unseres Beschützers. Wir versuchen die Schwärze, die uns umgibt, zu durchdringen, horchen. Ich trete ins Finstre, um zu pinkeln. Tom sitzt als Scherenschnitt am Feuer. Der Hutrand wirft den Feuerschein zurück auf Nase und Bärtchen. Ein Mensch aus dem Jahrhundert der Besiedlung. Dem nicht träumt, was bald kommen wird: Farmer, Rancher, die dem Boden so viel Mehrwert abringen, dass sich Industrien aus ihm gründen werden. Die wiederum Traktoren, Sämaschinen und Mähdrescher hervorbringen und die Bauern zum Investieren zwingen. Die eine Auslese in

Gang setzen zwischen diesen, die mithalten können, und jenen. Am Ende wird man Grundwasser auf die Plains pumpen und genmanipulierte Getreidesorten anbauen, wird sie mit Pestiziden und Herbiziden überpudern. Getreide, das, wenn man es nicht verkaufen kann, als Futter an die Rinder geht.

Jetzt aber, während Tom, der erste Trapper in diesen Bergen, seine Pfeife stopft, ziehen noch Herden übers Land, die von Horizont zu Horizont die Prärie schwarz erscheinen lassen: 60 Millionen Bisons, die weder Veterinäre noch Cowboys noch Ställe brauchen! Gabelantilopen und Maultierhirsche grasen auf den Plains. Elche, Wapitis und Weißwedelhirsche streifen durch die Wälder, Dickhornschafe und Schneeziegen äsen in den Schneegebirgen. Zwei Stunden täglich muss ein berittener Prärieindianer im Durchschnitt aufwenden, um sich und seine Familie durchzubringen. Die Fleischvorräte aus den großen Büffeljagden im Frühling und Herbst ernähren ihn auf lange Zeit.

„Ich glaube, ich habe Rührei im Sack!“ Tom lacht hell auf. „Ist der noch klar? Zehn Stunden im Sattel!“ Der Pfeifenstiel zeigt auf den Indianer, der, embryonal eingerollt, tief schläft. „Der will uns kaputtspielen.“

Ich lasse mich auf meinen Schlafplatz fallen. „Sei froh,

Tom nach zehn Stunden im Sattel

dass es nicht mehr regnet", sage ich, und Tom nimmt den Hut ab, blickt zum Himmel. „Tatsächlich!" In seinen gewachsten Mantel gehüllt, war ihm das nicht aufgefallen.

Wir beschließen, unter freiem Himmel zu schlafen. Wie auch könnten wir jetzt noch Zelte aufbauen? Ein Pferd schnaubt. Der Richtung nach ist es Spat. „Ich bin zu faul, um in die Daunen zu kriechen", sagt Tom, „trinken wir?" Er schraubt seinen Flachmann auf. „Jeder die Hälfte?"

Zwölf Punkte für den Indianer

Am Morgen, das Prasseln des Feuers weckt uns, ist uns warm geworden im klammen Zeug. Wir hatten noch von früher gesprochen, der gemeinsamen Zeit, müssen eingepennt sein darüber – die erste Nacht im Busch, in der ich durchschlief. Ich frage Tom, ob ich geschnarcht habe. Er gähnt, setzt sich auf. „Keine Ahnung, frag den Häuptling!"

Der schmunzelt, Schneidersitz, Kaffeepott in der Hand, zu uns rüber, blinzelt zur Sonne, die schon über den Bäumen steht. Wahrscheinlich stellt er sich vor, wie wir nun doch bald um Gnade winseln würden. Und weil ich deshalb mein Leiden vergesse und schwunghaft aufspringen will, drischt es mich rittlings in die nassen Büsche, dass der Schulkamerad zu japsen beginnt und Plainfeather sich taktvoll abwendet. Toms Pferd, vor dem ich gelandet bin, tritt ein Stück beiseite, blickt mich ängstlich an und lässt einen dampfenden Strahl ab. Das reicht. Von allen Vieren erhebe ich mich jetzt bedachtsam, ein Mann ohne Illusionen, der um seine Reserven fürchtet. Klopfe die Tannennadeln von der Hose, rotze ins Gras.

„Heute regnet es nicht", sagt John vermittelnd, „ein guter Tag zum Reiten!"

„Klar", ruft Tom, der zwischen Bäumen kauert, „wunderbar, ich bin gleich soweit. Fünf Minuten noch!"

„Erst frühstücken", sagt John und nickt zum Feuer hin. Etwas, das einem abgezogenen kopflosen Reh ähnelt, wird am Holzspieß gedreht. Tom kommt, wischt sein Messer sauber.

Noch in den Nachtklamotten, setzen wir uns hin. Der Häuptling greift sich einen Lauf, säbelt ihn ab. Fordert uns auf, es ihm nachzutun. Wir versuchen es, können gerade noch verhindern, dass der Rumpf ins Feuer fällt. John nimmt den Braten vom Spieß, legt ihn neben sich, trennt das übrig gebliebene Vorderbein ab: „Für den Abend!"

Anfangs nagen wir mit Appetit an den Keulen, die außen schwarz und am Knochen blutig sind. Doch die Portionen sind größer, als es den Anschein hatte. Ungesalzenes mageres Fleisch. Man kaut lange daran.

„Und das ist das beste Fleisch, was man hier schießen kann?", fragt Tom.

„Das beste Fleisch ist das von Nachbars Kuh!", erklärt der Häuptling, lacht schallend zu mir herüber: „Schreib das in dein Buch, hörst du? The Fleisch von neighbours cow is the best!"

Später reiten wir ins Tal, überqueren den Bach. Eine Hochprärie, die sich weit vor uns ausdehnt. Die Sonne steht im Zenit, wir schwitzen unter unseren Hüten. Mal im Schritt, mal im Trab machen wir Meile um Meile. Ich fische ein Zigarillo aus meiner Brusttasche, stecke es an. Es hilft nicht gegen die Insekten. Spats nasses Fell glänzt, weiße Ränder bilden sich am Saum der Satteldecke. Das Pferd schniebt, wirft den Kopf hin und her, versucht die Plagegeister loszuwerden, winzige Parasiten, die sich in den Schleimhäuten der Nüstern festsaugen. Die ein Pferd zum Durchgehen bringen können...

Man kann das Tier verstehen, doch um im Sattel zu bleiben, stellt man es sacht an den Zügel, lässt es den Kopf an den Beinen reiben. Plötzliche Stopps nimmt man in Kauf, immer darauf gefasst, dass das Pferd verrückt wird.

Die fernen Berge sind unsere Hoffnung. Wo Schnee liegt, gibt es keine Fliegen. Auf Inseln von blühenden Kräutern werden wir unsere Schlafsäcke ausbreiten, werden auf einem freien Platz Feuer machen und aus Schnee Wasser kochen. Wie schon gestern legt der Crow ein Tempo vor, das uns vermutlich in die Zeit der Stammeskriege versetzen soll. Ohne Pause reiten wir bis in den späten Nachmittag hinein, ehe John an einer Quelle hält, um die Pferde zu tränken. Lange rasten wir nicht. Es geht steil bergan, bis abermals einem Packtier die Ladung herunterrutscht. Für Tom und mich eine willkommene Pinkelpause.

Um die Verzögerung herauszuholen, steigert der Indianer das Tempo. Zeigt aber plötzlich auf etwas, das auf der anderen Talseite zu sehen sein soll. „Moose!", sagt er, „seht ihr?"

Wir sehen nichts, schon gar keinen Elch. Der Crow hält nun doch an, deutet mit dem ausgestreckten Arm noch einmal in die Richtung. Wir starren und starren. Ein nachsichtiges Lächeln geht über Johns Gesicht, dann wendet er sich ab und reitet an. Er macht es sich künftig zur Aufgabe, uns auf alle Hirsche und Dickhornschafe hinzuweisen, denen wir begegnen und die wir allesamt nicht

erspähen können. Ich muss an Custer denken, wie ihm die Scouts das Lager am Little Bighorn zeigten, er es selbst mit dem Feldstecher nicht erkennen konnte. „Es ist dort!", sollen sie beteuert haben. Hätte der Lieutenant Colonel bessere Augen gehabt, wäre es womöglich überhaupt nicht zur Schlacht gekommen, jedenfalls nicht so, dass er und alle Soldaten mit ihm in den Tod geritten wären. – Wahrscheinlich ist unserem allgemeinen Wettstreit im Kampfreiten eben eine neue Disziplin zugewachsen: Wer wäre der beste Jäger, Späher, Kundschafter? Und wie ließe sich das messen? Die Idee, irgendwohin zu zeigen, möglichst auf einen dunstigen Waldsaum, und zu behaupten, daselbst sei ein Grizzly unterwegs, liegt auf der Hand – soll er mal suchen... Einmal haben wir doch Glück, erkennen winzige Punkte, die uns entgangen wären, wenn sie sich nicht plötzlich fluchtartig in eine Richtung bewegt hätten.

„Stags", behauptet John, er hatte wohl nicht mehr mit unserer Aufmerksamkeit gerechnet. Doch Tom zieht reflexartig seine Pappkamera – als ob sich so weit entfernt rennende Hirsche auf Fotos festhalten ließen. Der Indianer scheint erlöst. Er weiß jetzt, wir glauben an ihn: Zwölf Punkte!

Der Indianer zeigt auf etwas, das auf der anderen Talseite zu sehen sein soll

Alle Knochen gebrochen

Als wir bei hereinbrechender Nacht am Bear Canyon unser Lager aufschlagen, stellt sich beste Laune bei ihm ein. Wieder fragt er, wie uns der Ritt gefallen hat.

„Gut", antworte ich für uns beide, „ein bisschen kurz, oder was sagst du?"

Tom lacht.

Präriefeder feixt breit – eine Antwort, die ihm gefällt.

An unsere abendlichen Verrichtungen gehen wir mit steifen Knochen.

„Brüllen wie Büffel", raune ich Tom beim Absatteln zu, „das gefällt dem Häuptling!" Wir schleppen die Sättel samt Decken zu einer alten Borstenkiefer, hängen sie so gut es geht zum Auslüften auf. Und weil wir kein Kraftfutter mehr haben, lassen wir die Pferde frei zum Grasen. Das Risiko, dass eines der Tiere über Nacht weiter wandert oder alle abhauen, ist nicht groß. Sollten sie dennoch morgen früh weitergezogen sein, müsste einer von uns eben losgehen und sie suchen. Ein Spiel, das ich kenne.

Wir sitzen lange am Feuer, teilen uns den Schlegel vom Frühstück, trinken ein paar Dosen Mountainbeer. Im Unterholz gehen Waschbären um, Igel, Stinktiere. Natürlich heult ein Kojote im nahen Wald. Der Indianer heult zurück, dass der Präriewolf antwortet. Ein riesiger blasser Mond hängt am Himmel.

Tom berichtet, weil ihn John gefragt hat, von seiner Arbeit, erklärt, dass sich unter der Stadt ein Rohr- und Kanalsystem von 850 Kilometern, also 528 Meilen, befindet, zeigt mit den Armen die unterschiedlichen Durchmesser. Doch das Thema erweist sich als unergiebig, und Tom kommt zum Schlusswort: „Ein beschissener Job eben!"

„Geld stinkt nicht", sage ich.

„Seit meinem zwölften Jahr", sagt John, „habe ich auf Ranchs gearbeitet, als Cowboy mit Rindern, später mehr mit Pferden. Ich habe alles gemacht, was auf einer Ranch anfällt." Er knickt Ästchen, wirft sie ins Feuer.

„Und am Wochenende reitest du Rodeos?“

„Immer“, sagt John, „und manchmal verdiene ich auch was dabei.“

Ich frage ihn, welche Knochen er sich schon gebrochen hat.

„Alle!“ Er zieht das Hosenbein hoch, dass eine tiefe Narbe zum Vorschein kommt, zeigt auf den linken Unterarm, den rechten Oberarm, auf Schlüsselbein und Rippen, lacht zufrieden.

Ich verkneife mir, dagegen in Wettbewerb zu treten, kann aber nicht verhindern, dass Tom, offenbar stolz auf *meinen* Knochenbruch, von unserem Kanadaabenteuer beginnt. Ausschweifend redet er von meiner großen Klappe gegenüber unserem Scout, der mir daraufhin das eigenwillige Leittier einer frei lebenden Herde zuwies. Beschreibt genüsslich, wie das Vieh am zweiten Tag mit mir durchging, der tief stehende dicke Ast zwar nicht für die Kanaille, aber doch für mich zum Prellbock wurde. Zeigt mit der Hand meinen Salto mortale rückwärts. Tom und Plainfeather lachen allein.

Ich lege Holz nach, werfe jedem ein Bier zu. Erzähle ein bisschen von Doc Holliday, unserem Ritt. Eine Gelegenheit, noch einmal auf indianische Geschichte zu kommen. Möglicherweise ist die Gelegenheit jetzt günstiger. Ich frage John nach der Hilfe der Crow für die Weißen, wie heute das Verhältnis sei zwischen Crow und Sioux, Crow und Cheyenne. Oglala hatten mir versichert: entspannt und unverbindlich, wir sitzen im selben Boot.

Er wirft Zapfen ins Feuer. „Meine Leute hatten einen Vertrag mit den Weißen gemacht, schon 1825, einen Freundschaftsvertrag, der von uns nie gebrochen wurde. Das ist die eine Seite. Die andre ist, dass die Sioux aus Minnesota und den Dakotas vertrieben wurden und die Weißen ihre Büffel in kurzer Zeit dezimierten. Immer schon waren die Sioux in unser Land eingefallen, besonders die Hunkpapa und die Oglala. Nun aber, da die Amerikaner sie in unsere Richtung drängten, wo es noch Büffel und Antilopen, Hirsche und Bergschafe gab, häuften sich diese Angriffe, wurden erbitterter. Es ging nicht mehr um Coups, es war mörderisch. Die Sioux sagten sich: Gehen wir ins Land der Crow, die sind friedlich, und die haben gutes Land da oben. Die werden nicht bedrängt wie wir. Es gibt keinen Platz hier, gehen wir da hoch und nehmen wir ihr Land! Es sind nicht so viele von denen, putzen wir die weg. Wir töten die alle, aber wir behalten ihre Töchter und ihre Frauen als unsere Weiber. Wir werden auch nicht ihre kleinen Jungen töten, wir werden sie trainieren, Sioux-Krieger zu werden. So sind sie hierher gekommen. Sie haben ernsthaft versucht, uns auszurotten, zweimal! Sie haben uns umher gejagt bis Colorado. Etwa 1862 starteten sie eine geplante Invasion, luden ihre Verbündeten dazu ein. Die Cheyenne, die Arapaho. Mit acht- bis zehntausend Kriegern sind sie gegen uns vorgestoßen. Ihr Lager war um ein Vielfaches größer als das von Sitting Bull sechzehn Jahre später am Little Bighorn. Es hieß, die Ausrufer hätten die Pferde wechseln müssen, um es zu umreiten. Am Pryor Creek kam es zur Schlacht, in der tausendzweihundert

Crow gegen eine siebenfache Übermacht standen." John erhebt sich, geht an den Baum.

„Okay", sagt Tom, „ich kriech in den Sack." Müht sich hoch, zieht sich aus, steigt ins Nest, zerrt den Reißverschluss zu und rollt sich ein.

„Aber die Crow haben das Feld behauptet", sage ich zu Plainfeather.

„Du kennst die Geschichte?"

„Ja", sage ich, „von Medicine Crow."

Er nickt. „Das vergessen sie heute gern", er lächelt düster. „Sie mögen uns nicht, weil wir den Weißen geholfen haben. Bullshit!"

Ich sacke Polly im Genick, dass sie lustvoll jault, schiebe eine trockene Wurzel auf die Glut. Die Nacht ist still bis auf das Fiepen junger Eulen im Baum über uns.

„Ihr hattet Karl Marx nicht gelesen, das kann man euch nicht vorwerfen", sage ich und zerre meine Stiefel von den Füßen. „Ein Crow aus Europa, große Medizin!" Beim Ausziehen wende ich mich John zu, um die Wirkung meiner Mitteilung zu sehen.

„Wer ist das", fragt Plainfeather, „ein Schriftsteller wie du?"

Bloody hell!

Gegen Morgen geht ein Gewitter nieder. Ich setze mich auf, rolle mich im Sack näher an den Baumstamm, ziehe den Hut so zurecht, dass das Regenwasser an meiner Schulter vorbei in den Waldboden tropft. Der besteht aus Gräsern, Nadeln und Hasenscheiße, die sich in kleinen Pfützen zwischen verharschten Schneeresten auflöst. Der Sack, über den ich die Kunststoffplane gezogen habe, wird feucht von unten. Ich liege im Modder. Die beiden Kerle, zwischen Preiselbeersträuchern, rühren sich nicht. Tom schnarcht, und auch die Pferde, deren Schnauben ich hören kann, fühlen sich wohl. Die Knochen tun mir weh, aber es treibt mich aufzustehen. Es ist bitter kalt, nachdem ich mein Lager verlassen habe, und der Hauch steht mir vorm Gesicht. Ich lese die Nadeln von den Socken, zwänge meine Füße in die nassen Stiefel, lege den Schlafsack um die Schultern. Polly kommt heran, hechelt, schaut mir in die Augen dabei. Zusammen gehen wir los, die Pferde besuchen. Auf einer Lichtung stehen sie beisammen, ihre Körper dampfen im Frühlicht. Ich lege ihnen meine Hand auf die Nüstern, streichle die warmen Körper, bis Spat mich von hinten schubst. An seinen Hals geschmiegt, lausche ich in den Wald. Es ist still, und außer Toms fernem Röcheln ist nichts zu hören. Die Berggipfel über unserer Lichtung glühen schon auf. Mattrot ragen sie aus den Bäumen. Ich kralle meine Hand in Spats Mähne, springe von einem gestürzten Baum aus auf. Ohne Sattel, Trense, die Hand noch immer im Haar, reite ich los. Das Pferd geht ruhig im Schritt. Mit einer Gewichtsverlagerung treibe ich es in den Trab, ich will sehen, was passiert. Es geht nach links, nach rechts, nach links, bleibt schließlich stehen, wendet sich um nach den anderen Pferden. Ich bleibe oben, lasse die Beine abstehen. Der Hengst beginnt zu fressen, nähert sich aber schrittweise der Herde. Ich tätschle seinen Hals, springe ab, als er seinen Kopf hebt, gehe auf die anderen Tiere zu. Spat folgt mir, die Gegend gelassen musternd. Gott weiß, was in ihm vorgeht!

Als erster windet sich der Häuptling aus dem klammen Zeug. Pisst in die Preiselbeeren, nimmt eine Handvoll Schnee in den Mund. Gelassen lege ich Spat, der mir gefolgt ist, den Sattel auf, ziehe ihm die Trense über seine Ohren, schiebe ihm das Gebiss zwischen die Zähne. „I'm ready to ride!", sage ich nicht ohne Triumph in der Stimme.

Der Crow lächelt mir zu. „Bloody hell!"

Ich winke ab, frage Tom, wann er aus dem Knick kommt.

„Don't talk crap!", sagt Tom. „Erst einmal Kaffee trinken, scheißen gehen und ein Pfeifchen schmauchen, es ist Urlaub. So viel Zeit muss sein." Ächzend kommt er auf die Füße, streckt sich, zerrt die Stiefel hoch und geht Holz holen. Ich binde Spat an einen Baum, schneide geronnene Harzbatzen aus der Rinde und schmiere sie in einen geöffneten Kiefernzapfen – ein Brandbeschleuniger selbst für nasses Holz. Der Himmel, vor einer Stunde noch dunstverhangen, wird klar. Die Zweige über dem knisternd brennenden Anzünder beginnen zu qualmen. Eine blaue Rauchdecke verbreitet sich in Hüfthöhe über die windstille Lichtung. Tom kauert sich hin, bläst das Feuer an, während ich die Kanne mit Schnee fülle, der sich unter dichten Bäumen länger hält. Zeit vergeht, bis aus ihm Wasser, aus dem Wasser Kaffee wird. John gibt etwas aus dem Teigbeutel in die Pfanne, brät Pfannkuchen. Der Hund, der wohl erkennt, dass dies nichts für ihn ist, trollt sich. Ein Stück weg von uns beginnt er zu scharren. John deutet mit dem Kopf zu ihm hinüber: „Sie jagt Mäuse!"

„Als die Sioux mit ihren Verbündeten am Pryor geschlagen wurden, wie hoch waren ihre Verluste?", frage ich.

John zuckt mit den Schultern. „Genau wird dir das niemand sagen können. Berichtet wird, dass ein alter Sioux mit seiner Frau nach Crow Agency kam, der ein Überlebender jener Schlacht war. Er erzählte die Sioux-Version, der zufolge etwa hundert Krieger nicht aus unserem Land zurückkehrten. Die meisten seien im Kampf gefallen, die übrigen im Bighorn ertrunken oder Grizzlys zum Opfer gefallen. Die Route, auf der sie sich zurückzogen, führte durch diese Berge."

„Wie kam das, ein Sioux in Crow Agency?"

„Nachdem die Zeit der Stammeskriege nach der Bighorn Schlacht mit der Kapitulation der Nez Percé in den Bears Paw Mountains vorbei war, begannen die Stammeshistoriker sich in ihren Reservationen zu besuchen, um ihre Überlieferungen zu vergleichen und zu ergänzen."

„Und so ein Historiker war dein Großvater?"

„Auch sein Onkel, Häuptling Iron Bull, von dem er das meiste übernommen hatte."

„He, guten Appetit nun, Leute!" Tom klopft die Gabel gegen seinen Blechteller, „ich hab Hunger und das Zeug wird langsam schwarz!"

„Medicine Crow schreibt in seinem Buch, dass es vor allem *ein* Krieger war, der die Sioux und Cheyenne in Schrecken versetzte?", bohre ich weiter. Plainfeather schiebt Tom einen Pfannkuchen auf den Teller, reicht mir einen auf der Messerspitze, nimmt sich selbst. „Die Sioux haben das behauptet. Von unseren Alten, die an der Schlacht teilgenommen hatten, erinnerte sich niemand an so einen Krieger. Manche glaubten, dass es Old Man Coyote selbst gewesen sein muss, der den Crow beistand."

„Der Helfer des großen Geistes?"

„Ja, der."

Tom kommt mit der Kaffeekanne und den Pötten ums Feuer herum. Wenn es nach ihm ginge, müssten jetzt Landkarten studiert und Etappenziele festgelegt werden. Jede Etappe so, dass ein trainierter Mittvierziger sie nur um den Preis völliger Erschöpfung erreicht – *Grenzerfahrung* nennt er das. Einer, der zweihundertzwanzig Kilometer mit dem Rad fährt, danach das Pfeifchen pafft und zum Abschluss bei einem Glas Sherry eine Partie Billard spielt. Polly knurrt und reißt an etwas herum, das von unserem Platz aus nicht zu sehen ist. Die Erinnerung an den langen dürren Kerl in meiner Schulzeit erheitert mich schon wieder. Beim Antreten der Größe nach war er der erste, viele Jahre lang. Ich, zunächst neben ihm, rutschte irgendwann auf Platz vier. Am Reck hingen wir beide tatsächlich wie Säcke, doch ich schaffte es, die Kletterstange hoch zu kommen, übers Pferd zu hechten. Ich liebte den Sport nicht gerade, er hasste ihn. Er war von Klassenkeile bedroht, mich ließ man mein Zeug machen. Irgendwann kam seine Angebetete auf mich, und in der Achten ließ sie mich an ihre Möpse, ohne dass er Wind davon bekam. Zum fünfundzwanzigsten Schulabschlussjubiläum habe ich dann reinen Tisch gemacht und es ihm offenbart. Die Gelegenheit schien günstig, denn er wollte von mir was übers Fremdgehen hören, was früher nicht vorgekommen war.

„Gibt es hier noch Grizzlys?“, fragt er.

„Viele sind es nicht mehr“, sagt der Indianer.

„Schwarzbären?“

„Die gibt es auch. Viele.“ John kippt den Rest Bratfett in die Flammen, erhebt sich, schüttelt die letzten Tropfen von der Pfanne ab. Das Zeichen aufzubrechen. Mit Tom zusammen trage ich unsere Habseligkeiten zum Pferd, dem der Crow den Gurt des Packsattels fest zieht. Hand in Hand wuchten wir das Gepäck hoch, vertäuen es.

Während meine Gefährten ihre Pferde fertigmachen, warte ich mit Spat am niederbrennenden Feuer. Er beginnt an Gräsern zu rupfen, und ich stecke mir eine Zigarre an. Nehme Abschied von diesem Ort, von dem jetzt noch Rauch aufsteigt, ein Fähnchen, das nach oben weg kräuselt.

Der Tag war zu friedlich bis jetzt

Wir reiten am Abgrund entlang bis zum Ende des Canyons, wenden uns dann nach Osten, wo das Gelände steil ansteigt. Leichter als abwärts fällt es den Pferden selbst dort noch, wo unsereins sich nur mit Hilfe der Arme hochziehen könnte. Der Lagerplatz weit unten.

Tom, der auch zurückblickte und ein Foto schoss, stößt einen unartikulierten Schrei raus. Der Häuptling, weit voraus, wendet sich um. Ich tippe an die Stirn, rucke mit dem Kopf in Toms Richtung.

Oben angekommen, signalisiert der Indianer eine Pause, springt ab und lässt seinen Hengst frei, der zu fressen beginnt. Gern steigen wir ab, binden unsere Pferde an verkrüppelte Koniferen. Tom geht los, um für ein Foto den besten Platz auszumachen. Ich lasse mich fallen, genehmige mir ein Bierchen. Der Schaum schießt aus der Dose, unfreiwilliges Opfer für die Short People. Rote, gelbe, schwarze und weiße Steinchen um meine Stiefelabsätze. Dürres Moos, Flechten, grüne Zündblättchen mit rostroten Rändern. Wie viele haben hier, auf einem solchen Platz mit Blick nach allen Richtungen, tagelang ausgeharrt, auf Visionen gewartet, Wache gehalten? Jünglinge, tausende Jahre bevor der erste Weiße hier herumstakte? John blickt zu mir rüber, das Gesicht eine bronzene Maske.

Die Prärie unter uns zeigt sich als eine graublaue Dunstbrühe. Dunkle Fladen, die ineinander übergehen. Die Flecken verschieben sich kaum merklich. Etwas wie Rauch schwebt hier und da als winzige Gardine über die Landschaft. Und um sich aus Wolkenschatten riesige Büffelherden zu träumen, braucht es nicht viel Phantasie.

„Gib mir einen Glimmstengel!“ Tom setzt sich neben mich, wirft den Hut aufs Geröll. Mit dem Feuerzeug komme ich ihm entgegen, er pafft, packt die Kamera ein. Unter seinem kurzen Haar glänzen Schweißperlen. „Vielleicht bin ich seit einer Woche Großvater“, sagt er. Schon wieder. Der Häuptling, der auf dem Bauch liegt, das weite Land

im Blick, kaut einen Halm. Die Sonne wärmt, doch die Schneefelder tauen nur allmählich auf, geben grüne Flecken frei, aus denen Kräuter blühen. Fingerkraut und Silberwurz, Lupinie und Alpensüßklee. Ein kleiner blauer Vogel flattert dicht über dem Boden dahin, landet, pickt etwas auf, hüpft an den Stengel eines Rittersporns, fliegt weiter. Ich frage John nach ihm, den ich schon manches Mal beobachtet habe. „Mountain Bluebird", sagt John, „im Sommer hier, im Winter dort." Er zeigt in die sich unten ausdehnende Landschaft, über der zwei Bussarde kreisen.

Wir ziehen weiter, folgen dem Höhenzug fast zwei Stunden nach Südosten, bevor der Crow ins Tal abbiegt, dessen Grund um 1500 Meter tiefer liegt. Langsam und weit zurückgelehnt müssen wir in Serpentinen reiten, so steil fällt der Hang ab. Wären wir nicht einigermaßen schwindelfrei, wir müssten uns übergeben. Doch der Häuptling treibt seinen Hengst noch an, so dass schon die Packtiere Widerstand leisten. Er zerrt sie weiter, obwohl sie stolpern, straucheln, sich vor Absätzen ängstlich auf der Hinterhand gegen sein Ziehen stemmen. Nicht auszumalen, wenn sich ihr Tanz hier wiederholte! Wir schaffen es kaum zu folgen. Ausgeschlossen, die Pferde in eine schnellere Gangart zu zwingen! Der Abstand wird größer und größer, ohne dass der

Wilde auf uns wartet. Hinter einer Kante, unter der die Böschung scheinbar in eine Schlucht übergeht, verschwindet er schließlich aus unserem Blickfeld.

„Der Tag war wohl zu friedlich bis jetzt!" ruft Tom.

„Er mag uns", gebe ich zurück, „deshalb sterben wir!"

Den Appaloosa am Zügel versammelt, biegt Tom um die Kante, kreischt auf. Sekunden später sehe ich, warum. Der Vorsprung, über den unser Weg führen muss, ist keinen halben Meter breit. Der Abgrund daneben wäre tief genug, um im freien Fall *Der Steiger kommt* zu singen – den Refrain jedenfalls. Am langen Zügel lassen wir die Pferde machen. Immer auf der Suche nach einer Wurzel, einer Felsspitze, an die man sich, wenn das Pferd unter einem abgeht, klammern könnte. Noch ahne ich nicht, dass dieser Abstieg ein Spazierritt sein wird gegen das, was unser Freund sich bis zum Schluss aufspart, falls wir nicht kapitulieren. Nach fünfzig, sechzig Metern verbreitert sich der Sims, und wir bekommen wieder Grasnarbe unter die Hufe. Wir folgen der Fährte, die nicht zu verfehlen ist, sehen die bedenklich langen Rutschspuren der Hufe, kommen an umgebrochenen jungen Bäumen vorbei.

„Der reitet", sagt Tom, „als ob er morgen seinen Kaffe an der Ostküste trinken wollte. Lässt sich später überraschen, was über unser Ende in der Zeitung steht."

„Er wird es noch steigern, glaub mir", sage ich, „es sei denn, wir jammern ihm was vor."

„Da kann er lange warten", sagt Tom.

Ich nicke. „Wir erwarten kein Pardon und gewähren keins, okay? Das ist Tradition hier."

„Wir sind uns einig", sagt Tom und galoppiert an, als das Gefälle es gerade erlaubt.

Wie ich es erwartet hatte, liegt der Crow im Tal gegen einen Baum gelehnt, als ob er seit Stunden hier wäre, und blinzelt uns entgegen. Er fragt nicht *Good ride?*, kann sich die Antwort selbst geben inzwischen. Es ist warm hier unten, fast heiß. Wir steigen ab, ziehen unsere Jacken aus, tränken die Pferde am steinigen Bach, kippen, weil uns der Angstschweiß noch im Pelz sitzt, die Hüte voll Wasser übern Kopf.

„Bier?“, frage ich John. Er nickt. Ich gebe jedem aus der Satteltasche eine Dose.

„Hunger?“, fragt Tom, der noch Müsliriegel verwaltet. Er bleibt drauf sitzen.

Es ist früher Nachmittag, und dass der Indianer uns ein Bier abgenommen und damit die Pause verlängert hat, verspricht nichts Gutes. Wir betrachten die Bergwand, die hinter uns liegt, während John die nächste im Blick hat. Auch sie geht oben in einen weißen Kamm über, von dem aus es nur ein Stück ist bis zu den Federwölkchen.

„Ist es weit bis zum nächsten Camp?“, frage ich lässig.

„Not too far away“, sagt John freundlich grinsend, was zu deutsch heißt: ein Phantomschmerz wird euch zeigen, wo euer Arsch war. Doch noch hat er die Ruhe weg, spielt an einem Zweig mit unreifen Beeren herum. Der Bachlauf ist gesäumt von ein bis zwei Meter hohen Büschen, an denen sie wachsen. „Weißt du, was das ist?“ Er reicht mir das Ästlein.

Ich betrachte die Früchte. „Beeren für Bären“, sage ich, weil mir der Name nicht einfallen will.

„Rightly“, sagt Plainfeather, „Soapberry. Die Grizzlys mögen sie besonders. Du solltest vorsichtig sein, in einem solchen Gebüsch, wenn Beerenzeit ist.“

„Macht man nicht Krem aus ihnen“, frage ich, „Indian Ice Cream?“

Ehe John wieder fragen und lächeln kann, rede ich weiter. „Die Cree haben mich dazu eingeladen. Man schlägt sie mit Wasser in einer Schüssel, bis Krem daraus wird.“

„Ziemlich fettig“, sagt John, „aber nicht schlecht.“ Und lächelt.

Was wollen wir mit einem Bär?

Fürs Aufsteigen habe ich mir ein Plätzchen gesucht, das Toms großes Pferd als Sichtschutz zwischen den Indianer und mich bringt. Ich kenne mittlerweile die für meine Rippen problematischen Bewegungen, komme dank eines hohen Bachsteins lautlos in den Sattel. Im Trab reitet der Crow über die Talsohle. Wir scheren nach links und rechts aus, tummeln unsere Pferde, als ob wir überschüssige Energie hätten. Finden uns aber auf seiner Spur, sobald das Gelände schwieriger wird. Halten Abstand, um die Packpferde nicht durcheinander zu bringen. Er soll schon sehen, dass wir wissen, was fair ist. Er pariert sein Pferd durch, zeigt auf eine Gruppe Grautannen vor uns, flüstert, während sein Hengst unruhig auf der Stelle zu tänzeln beginnt: „Black Bear!“

Im Gehölz, keinen Steinwurf entfernt, richtet sich der Bär auf, ein Bursche von 200 Kilo oder mehr, stößt ein Brummen aus, fällt zurück auf die Pfoten und galoppiert mit waberndem Fell den Berg hoch, in die Büsche.

„Warum schießt du nicht?“, fragt Tom.

„Was wollen wir mit einem Bär?“, fragt John zurück. „Ihr wollt das Crowland sehen! Man schießt nicht und lässt liegen.“

Meinst du mich, denke ich, weil ich Präriehunde geschossen habe? Ich wollte sie braten, wie unser Scout sie in der Washakie Wilderness gebraten hat, aufgespießte knusprige Hündchen. Aber was hast du gesagt, als du mich erwischtest? *Nicht gut zu essen. Nur Shoshone essen sowas!* Naja. Schwamm drüber, mein Freund. Ein Präriehund ist kein Schwarzbär. – Was sagst du? Ein Präriehund ist dein Bruder, wie der Bär dein Bruder ist? Man muss einen Grund haben, ihn zu töten? Welchen Grund hast du, einen Chemnitzer Stadtangestellten umzubringen, der Gutes im Verborgenen tut, weglaufen lässt, was nicht zu halten ist und sich ein bisschen erholen will? Ist er dir weniger ein Bruder als eine hamsterbackige Prärieratte?

„Bärentatzen", sinniert Tom, „das wäre es gewesen."

„Du wirst Gott danken, wenn du abends noch deine Kreislauftablette runter kriegst", sage ich, hänge mich über den Pferdehals, um dem Tier den Aufstieg zu erleichtern.

„Du redest von dir", ruft Tom nach hinten, schiebt den Hut aus der Stirn. Der Häuptling mit den Packpferden ist weit voraus.

„Schalt hoch", rufe ich, und Tom kickt lachend dem Pferd in die Seiten, galoppiert zwischen Salbeibüschen im Zickzack den Berg hoch, dass Steine fliegen. Ich folge, nachdem ich Spats Herdentrieb unterdrückt habe. Polly ist weit weg unterwegs, die Schnauze am Boden. Kommt heran gerannt, jetzt, wo ich hinter einer Bergnase verschwinde. Eine gewaltige Landschaft, in bläuliche Töne geschichtet. Die Ebenen unten diesig, leuchtend die in der Sonne liegenden Hänge, die Wiesen, die von Baumgrüppchen durchsetzt in Wälder übergehen.

Wir überqueren Höhe um Höhe. Die Täler weiten sich, die Steigungen werden sanfter. Wir reiten in Richtung Little Bighorn Canyon, des Tals der Häuptlinge, kommen an einem Sonnentanzplatz vorbei. John zeigt ihn uns, sagt, dass er vor zwei Jahren selbst einer der Tänzer war. Ungläubig imitiere ich das Durchstechen der Brustmuskeln, das Einfädeln der Schnüre, die mit dem Tanzpfahl verbunden sind. John nickt. „Vier Tage in der Sonne stehen, nicht essen, nicht trinken. Wenn du willst, kannst du teilnehmen im nächsten Jahr!"

„Mit tanzen?" Ich schau ihn an, will herausfinden, wie er das meint.

Er nickt abermals ernst. Eine Einladung, keine Frage. Er scherzt offenbar nicht, wenn es um Geheiligtes geht.

„Itschik", sage ich, „ich werde darüber nachdenken."

Er lächelt jetzt, denn es ist das erste Mal, dass ich eine meiner wenigen Crow-Vokabeln angebracht habe: *Gut, einverstanden.* Wir setzen uns in Bewegung.

Tom legt die Hand vor die Augen, unterdrückt ein Gelächter. Stellt sich wohl vor, wie der Sonnentanz-Medizinmann mit der Adlerkralle auf mich zu tritt, um mir Schlaufen in die Brust zu bohren. „Brüllen wie Büffel, was? Die große Schnauze wie immer!", höre ich ihn hinter mir.

Als die Sonne sinkt, haben wir wieder eine Höhe erreicht, auf der die Bäume niedriger wachsen und sich Reste von verharschten Schnee halten. Der Indianer steigt ab.

„Brüllen wie Büffel, was?"

„Bitte keine Pause“, stöhnt Tom, „wenn ich erstmal abgestiegen bin, komm ich nicht noch mal hoch!“

Wir sitzen dennoch ab, können wir wissen, ob Schluss ist für heute?

„Zwölf Stunden“, konstatiert Tom emotionslos, den Blick auf die Uhr gerichtet, „Pausen abgezogen, zehneinhalb, elf Stunden im Sattel.“

„Der geht nur pinkeln“, sage ich ebenso unbeeindruckt, und Tom sieht von der Uhr auf. Der Crow knöpft gerade die Hose zu, kann es sich, wie wir dastehen, nicht verkneifen, uns vor dem Aufsteigen ein aufgeräumtes „Ready to ride?“ zuzurufen.

„Der vergisst nie“, sage ich, suche nach einem gestürzten Baum.

Der Schulfreund ringt sich ein müdes Lächeln ab, zieht sich am Sattelhorn hoch. „Wenn nicht ein paar Wolken aufziehen und den Mond verdunkeln, macht der weiter bis morgen früh!“

„What he means?“

„Tom hofft“, übersetze ich, „dass der Mond uns leuchtet, damit wir noch ein Stück vorankommen.“

John sieht Tom an, dann mich, hofft gewiss, dass uns ein Grinsen im Gesicht steht. Aber wir grinsen nicht.

„Die Pferde brauchen eine Pause“, sagt er, „müssen fressen.“

„Schade“, sage ich.

Krautrouladen für Grizzlys

Nach einer weiteren Stunde im Sattel, der Mond scheint tatsächlich hell genug, finden wir mühelos den Weg. Der Scout steuert ein Kiefernwäldchen an, das unser Lagerplatz sein wird. An einem sanft nach Osten abfallenden Hügel, es gibt gutes Gras für die Tiere und Holz für ein Feuer, richten wir uns ein. Rollen die Schlafsäcke aus, schlitzen im Dunkeln einen Beutel auf, in dem wir Steakfleisch wähnen. Was zum Vorschein kommt, ist eine blutige, zusammengelegte enorme Beinscheibe, die ihrer Größe nach von einem Tyrannosaurus Rex stammen könnte. Wir müssen sie zerschneiden, um sie stückweise in die Pfanne zu kriegen. Kaputt bis auf die Knochen, so dass uns jede Bewegung Überwindung kostet, sind wir doch nicht müde. Bei dem Crow scheint es umgekehrt zu sein. Er gähnt, verfügt jedoch noch über eine Geschmeidigkeit, die wiederzuerlangen wir später vierzehn Tage benötigen werden. Aber er wäre kein Indianer, wenn er sich jetzt, mitten in der von ihm selbst inszenierten Truppenübung, hinlegen würde, um bis zum Essen zu schlafen wie ehedem. Und weil der Platz wieder einmal kein Wasser hat, gilt es zwischen Büchsenbier und Cowboykaffee aus geschmolzenem Schnee zu wählen.

Die Pferde, anders als ihre verwöhnten Artgenossen in gepflegten Reitställen, sind darauf trainiert, mit wenig Flüssigkeit auszukommen. Ihr Fell stinkt zwar, nachdem sie lange ohne Wasser durchgehalten haben, doch sie machen nicht schlapp. Sie entlassen giftige Furze, die geschwächte Männer, wie wir es sind, aus den Stiefeln hauen.

Die Äpfel, eigentlich locker und feucht, sind jetzt, nach den Durststrecken, trocken und hart. Man sollte sie vermarkten! Als Nikotinplacebos für Pfeifenraucher! – Wir würden reiten, bis gepresster Feinschnitt hinten raus fällt, den sie in Berlin dann schneiden oder weltmännisch abbeißen können. Voilà! *Ausgeschieden in den Pryor Mountains. Original made by Crow Agency.*

„Essen", sagt Tom.

Mechanisch reiche ich meinen Teller. Sehe den Häuptling grinsen. „Hast du gut geträumt?", fragt er.

„Nicht schlappmachen, Alter", der Lange schubst mich an, „der schläft eher ein als wir."

Der Bratenduft holt mich zurück ans Feuer, das munter knistert. Es ist kalt von hinten, und ich ziehe die Satteldecke, die ich als Kopfkissen zurechtgelegt hatte, über die Schultern. Sie ist feucht vom beißenden Pferdeschweiß, macht mich zur leckeren Krautroulade für jeden Grizzly. Aber was würde Spat sagen? Stinken wir nicht auch, nach all den Tagen ohne Waschwasser? Ich rieche in mein Hemd. Kein Puma geht mehr an uns ran, das wenigstens ist gewiss.

„Scheiße“, sagt Tom, „ich muss scheißen.“

„Soll ich leuchten?“, sage ich müde.

„Ja“, sagt Tom, „hast du noch Papier?“

Am Morgen weckt mich Pollys aufgeregtes Kläffen, unterbrochen von wütendem Knurren. Es kommt von weiter her, hinter dem Hügel. Die Pferde beginnen zu wiehern und machen an ihren Bäumen Rabatz. Der Crow reibt sich die Augen, pfeift. Sofort kommt der Hund gerannt.

„Ein Bär?“, fragt Tom.

„Stinktier oder Kojote“, sagt John, legt sich wieder hin. Polly, zufrieden mit der allgemeinen Aufmerksamkeit, schwadroniert zwischen uns hin und her. Die Pferde beruhigen sich wieder.

„Klar", gähnt Tom, „einen Bären hätte sie ja mitgebracht." Er zieht den Schlafsack auf, streckt sich, blickt auf die Uhr: „Sieben. Ordentliche Menschen arbeiten seit einer Stunde."

„Ich gehe um diese Zeit schlafen, Faschist", sage ich und wechsle die Partei. Der Crow und ich sind wieder auf derselben Seite. Ich ziehe den Sack über den Kopf, genieße die wohlige Wärme, roll mich ein. Tom, einsam im hellen Licht draußen, beginnt Holz zu zertreten, dass es kracht und kracht – ein Tauglicher, der uns was klarmachen muss. Doch wir halten zusammen. Präriefeder, scheint es, findet seinen Traum wieder, und ich versuche es auch. Noch einmal sinken wir in Schlaf.

Als ich zu mir komme, duftet es nach Gebratenem. Auch der dünne Kaffee scheint schon fertig zu sein. In der Pfanne schmoren Wurstscheiben. Die Sonne strahlt zwischen den Wipfeln. Tom schiebt die Wurst im Tiegel hin und her und legt Holz nach. Der Crow-Häuptling kauert in Sichtweite zwischen Bäumen, ein Mensch wie du und ich. Ein harmonischer Morgen.

Während er seinen Kaffee schlürft, gibt sich der Crow einsilbig unausgeschlafen wie ich, und Tom versucht ein paar Späßchen anzubringen, um die Pennerkoalition aufzubrechen. Bei dreien, das ist klar, ist einer der Dumme. Der Schwarze Peter will untergejubelt sein.

Ich packe zusammen, ziehe die Transportbehälter zu den Pferden, und Tom hilft mir.

„Der ist fertig bis auf den Docht", raunt er.

„Wir kriegen ihn nicht klein", sage ich, „selbst wenn wir früh um fünf aufspringen."

„Geregelte Arbeitszeiten haben schon manch einen umgebracht."

„Du redest wie ein Clochard", sage ich, „bist du okay?"

John nimmt uns die Packen ab, stemmt sie hoch, damit

wir die Schlaufen am Packsattel einhängen können, zerrt die Stricke fest. „Heute“, verrät er uns, „können wir in einem Haus schlafen.“

„Ein Dach übern Kopf?“, frage ich zweifelnd.

„Eine Blockhütte“, sagt John, „können wir?“

Ich verschwinde im Gebüsch, wo Tom schon am Abend einen gestürzten Baum gefunden hat. Weil seine Wurzel so gewaltig ist, schwebt der Donnerbalken in der richtigen Höhe – ein ungewohnt komfortables Plätzchen. Mein Blick setzt sich fest auf den Blutergüssen, die sich an den Innenseiten der Schenkel gebildet haben, breite Streifen, grün und blau bis zu den Waden hinunter.

Der Crow, der wieder die Packpferde übernommen hat, reitet über eine weite Hochprärie in östliche Richtung. Wir schwärmen aus, einer nach rechts, einer nach links, flankieren den kleinen Zug aus hundert, zweihundert Meter Entfernung, galoppieren, wenn es uns packt, in die Prärie hinaus und die Hügel hinauf, von denen wir einen weiten Blick haben. Und wie auf ein verabredetes Zeichen hin bringen wir jeder eine Hügelkette zwischen uns und den Crow. Parallel zu ihm reiten wir außer Sichtweite. Spat, anders als die meisten Pferde, wenn sie von der Gruppe fortbewegt werden, zeigt sich ruhig und konzentriert, folgt meinen Intentionen, als ob wir Jahre allein miteinander verbracht hätten. Im Slalom, um Beifußbüsche herum, trabe ich zum Kamm hoch, gerade so weit, um ins dahinter liegende Tal spähen zu können, wo der Häuptling allein mit den Packtieren seinen Weg zieht. Er wird es bemerkt haben, dass wir weder hinter noch neben ihm sind! Es schert ihn nicht.

Nach einer Stunde geht der Hügelzug in flache Prärie und die Prärie in lichte Tannenwälder über. Von einer letzten Anhöhe aus sehe ich Tom vom Buckel gegenüber mir zuwinken. Wir halten beide Ausschau, entdecken den Crow, wie er gerade zwischen Bäumen verschwindet. Ich reite zu

Es geht über eine weite Hochprärie

Tom hinüber. „Der wollte tatsächlich abhauen!“, lacht Tom.

Wir galoppieren los, trennen uns aber wie verabredet, um dann wie zufällig von links und rechts im versammeltem Trab zu Plainfeather zu stoßen. Polly, begeistert, weil alle wieder zusammen sind, dreht ein paar Runden um uns. Wir reiten durch bis zum Abend. Der Indianer macht keine Anstalten für einen erneuten Fluchtversuch. „Irgendwann“, sagt er lapidar, „werde ich fort sein.“

„Dann wirst du dir einen neuen Namen erwerben“, sage ich kühn, „White-Men-Are-Hunting-Him!“

„Aho!“ Er lächelt, und damit ist das Thema bis auf Weiteres erledigt. Er zeigt uns eine Herde Wapitis, fünf oder sechs Tiere, die auch wir nach langem Spähen auf einer weit entfernten Bergwiese ausmachen können. Wieder nur Pünktchen, die sich aber kaum bewegen.

„Woher weiß der, dass das Wapitis sind?“, fragt Tom.

„Er riecht es“, sage ich.

„Kluges Kerlchen!“ Tom bedenkt mich mit einem genervten Blick.

Ein paar Uhus werden schon vom Ast kippen

Spät nachmittags kommt kalter Wind auf, und wir binden die Jacken los, die hinterm Sattel angeschnallt sind. Der Himmel verdüstert sich mit Regenwolken. Die Temperatur sinkt, falls wir richtig vermuten, gegen null. Der Crow schlägt ein erhöhtes Tempo an, trabt lange Strecken vor uns her, die Packpferde im Schlepp. Wie lange wird die Bagage diesmal halten.

„Nicht mehr weit", ruft John uns einmal zu.

Es vergeht dennoch über eine Stunde. Bei hereinbrechender Dämmerung erreichen wir endlich ein weites flaches Hochgebirgstal. Inmitten einer kleinen Prärie, die rundum von Wald und schneebedeckten Bergzügen begrenzt wird, entdecken wir die zwei Blockhäuser. Dass sie marode sind, ist schon von weitem zu sehen. Sie sind uralt. John hält auf das untere zu. Es erweist sich als ehemaliger Pferdestall, hinter dem eine Koppel mit Draht eingezäunt ist. Ein schmaler Bach schlängelt sich durch den Pferch. Das Gras ist saftig und wartet darauf, von hungrigen Mäulern gerupft zu werden.

Wir laden ab, binden die Pferde an. John weist uns an, den Zaun zu reparieren, was ohne Werkzeug nicht einfach ist. Gerissene Drähte, deren Enden kaum zusammenzubringen sind, müssen verknotet, umgestürzte Pfosten befestigt werden. Nach getaner Arbeit lassen wir die schweißdampfenden Pferde im Gehege frei, damit sie bei üblem Wetter selbst im Stall Schutz suchen können. Sie wälzen sich erst einmal, saufen, beginnen zu fressen.

Tom geht als Erster zu der oberen Hütte. Ich folge ihm, aber er kommt mir rückwärts aus der Tür entgegen. „Da kriegt mich keiner rein!", sagt er erschrocken. John, ohne sich was aus dem Entsetzen dieses Zimperlings zu machen, schleppt den Schlafsack durch die Tür. Basta!

Wir müssen hier übernachten. Ich hole meinen. Tom trollt sich und geht Holz suchen für ein Feuer im Freien.

In der Hütte herrscht das Chaos. Dicht aneinander gestellt vier Schlafstätten – fleckige zerschlissene Matratzen, bei deren Anblick es auch mich kurz zu jucken beginnt, ein grober Holztisch, auf dem allerlei Zeug liegt, ein Ofen inmitten von Papier, verbeulten Plastebechern, leeren Konservendosen, Holzstückchen und Asche. Einige Dielen fehlen, zwischen den Dachplanken ist hier und da Himmel zu sehen. Auf der Fensterbank eine fette Lage toter Fliegen. John versucht eine Kerze anzuzünden.

„Komfortabel", sage ich. „Ich werde schlafen wie ein Grizzly im Winter!" Ich rolle meinen Schlafsack auf der Matratze an der Wand aus. Die Wand, bunt beschriftet mit Namen wie „Gonja", „Rocky BT", „Real Bird" und „Yellowtail", kündet von zahlreichen Besuchern. Ein Gebet an den *Alten Mann Oben* findet sich ebenso wie ein bemalter Schild, an dem Federn hängen.

Die Kerze brennt und beleuchtet Johns zufriedenes Gesicht. Er erklärt mir, dass er oft schon hier war, mit seiner ersten Frau die erste Nacht hier verbrachte. Viele junge Crow kämen mit ihren Mädchen geritten, um mit ihnen allein zu sein, ein bisschen zu feiern. Er grinst. Auch sein Name stünde hier und der seiner Frau. Er winkt mir, ihm zu folgen. An der Außenseite der Tür habe er sich eingetragen, doch Bären hätten die Hälfte weggekratzt. Er zeigt mir die Buchstaben, eingraviert mit dem Messer: „Tschi..." Der Rest unleserlich. Sichtbar die Spuren von Krallen.

„Heißt du nicht John?", frage ich.

„Tschiwogi Balotschischich", sagt John, „das ist mein indianischer Name."

Ich wiederhole es ein paarmal, bis es gelingt, die beiden letzten „i", die ich zu hören geglaubt hatte, so zu verschleifen, dass sie kaum herauszuerkennen sind: „Balotschschch?"

Er nickt, sagt: „Der das Essen weiht – Tschiwogi Balotschschch", zeigt auf sich, lächelt.

Wir sind immer noch allein in der Hütte. Zu zweit beginnen wir Büchsen, Becher, Plastesäcke voll Unrat vor die Tür zu schaffen. Wir übergeben sie Tom, der sie mit spitzen Fingern ins Feuer wirft. Eine pechschwarze Rauchfahne wird zum Wald hin geweht. „Ein paar Uhus werden schon vom Ast kippen...", sagt Tom griesgrämig.

Nachdem das Schlimmste beräumt ist, gehen wir Holz für den Ofen suchen. Es ist schon dämmrig geworden. Ich erwische das übrig gebliebene Vorderbein eines Hirsches,

den ein Vorgänger mit seiner Braut verzehrt haben muss, und schiebe es in Toms Feuer. „Macht ihr nie Pause?", fragt der und wirft mir wütend eine Dose zu. Auch Plainfeather kommt jetzt zum Feuer, das, mit einer knorrigen Wurzel gespeist, zu stinken aufhört.

„Das Haus hat mal einem Häuptling gehört?", frage ich.

„Hat es", sagt John, „vor über hundert Jahren."

„Und jetzt ist es das Liebesnest des Crow-Stammes", erkläre ich Tom, um ihn zu versöhnen. Der bricht in Lachen aus. „Sackratten sind das Mindeste, was du dir da drinnen holst!"

„Was sagt er?", fragt John.

„Dass es ihm gefällt hier, am liebsten würde er für immer bleiben."

„Ich schlaf draußen, damit das klar ist", sagt Tom wieder auf deutsch und zu John: „And now I need a bath!"

John blickt starr auf Tom, der sich tatsächlich auszieht. Es ist bitter kalt, und der Wind pfeift, dass sich die Pferde hinterm Stall versammelt haben. „Das tut Not jetzt!", ächzt der Lange zwischen mehreren Versuchen, die Stiefel runter zu kriegen. Seife und kleines Handtuch gegriffen, stakst er splitternackt zum Bach; Don Quichotte, der uns zeigen wird, wie wichtig althergebrachte Körperzucht ist.

„Ich dusche morgen früh", sagt John, dass es wie eine Entschuldigung klingt. Geht in die Hütte und kommt mit einem Gummisack wieder, aus dem unten ein Nippel heraushängt. Er zeigt mir das Ding, zeigt, wo man oben das warme Wasser einlassen kann.

„Kenne ich", sage ich, „indian shower."

Er trägt die Duschvorrichtung zurück ins Haus. Ein wenig hat er's satt mit uns.

„Ich verschiebe es auch auf morgen", sage ich unentschieden und John nickt.

Tom löffelt mit seinen Händen das Wasser über Brust und Rücken, kniet sich ins flache Bachbett, um die Haare zu waschen. Er lässt nichts aus. Klappernd, aber mit strahlendem Gesicht taucht er krebsrot am Feuer auf. „Was für eine Wohltat!"

Ich komme mir verspottet vor. War ich nicht stets der Erste am Fluss? Muss ich mir erklären lassen, wie gut so was tut? Ich breche meine Absprache, beginne, während der Freund sich anzieht, mich aus den warmen Klamotten zu schälen.

Im seichten Bach ist an Untertauchen nicht zu denken. Nass dem schneidenden Wind ausgesetzt, ziehe ich es durch, hänge mein Haar in die Strömung, setze mich rein, was unverhofft wohl tut. Nur ein wenig trockne ich mich ab, kehre gemessenen Schrittes zum Feuer zurück, verkneife mir protziges Prusten. Fahre in Hemd, Hose und Stiefel. Wärme fließt durch meine müden Knochen.

Tom und John lassen mich sitzen und verschwinden mit der Pfanne und einem vakuumverpackten Fleischbatzen in der Hütte. Der Luftzug weht den Rauch vom Schornstein herunter, jagt ihn in Schwaden über den Boden. Ich lege noch ein paar Knüppel ins Lagerfeuer, trinke mein Bier in Ruhe, rauche eine. Eine Bö bläst die Glut an, dass die Flammen auflodern, Funken fort wirbeln. Zwischen schnell ziehenden Wolken erscheint der Mond und verschwindet wieder, winzige Schneeflocken tauen sofort. Wenig später legt sich der launische Sturm.

Mich zieht´s zum Trog. Drinnen hockt Tom vorm Ofen und legt nach. Sein nasses Haar spießt nach allen Seiten. Es ist warm im Raum, duftet nach harzigem Holz. John gibt Fett in die Pfanne, legt die gepfefferten Steaks zurecht. Auf der Matratze neben meiner sehe ich Toms Schlafsackrolle, dicht daneben Johns.

„Bei dem Wetter!", sagt Tom, als er meinen Blick bemerkt. „Ich kriege eure Flöhe ja doch mit ab."

Die Kerze füllt unsere Blockhütte mit mattem Licht. Ich versuche mir den alten Häuptling vorzustellen, der hier mit Weib oder Weibern und sicher mit Kindern lebte. Er ist Besitzer einer großen Pferdeherde, die sein Stolz ist. Ein Mountain Crow, der sich hier nach Art der Weißen versucht hatte einzurichten. Wie kam er klar mit dem Dach über sich, durch das erst jetzt, nach über hundert Jahren, Sterne funkeln. Hat er am Ende versucht, die Grasnarbe aufzureißen und hier oben Getreide anzubauen? War er einer derjenigen, die 1851 ihr Zeichen unter den ersten Vertrag von Fort Laramie setzten? Der den Crow noch 145 000 Quadratkilometer Land zugestand? Er könnte einer der Unterzeichner des zweiten Vertrages gewesen sein, in dem siebzehn Jahre später das Gebiet des Stammes um fast vier Fünftel reduziert wurde. Bis spätestens 1870 sollten sich die Crow in der Reservation einfinden, um fortan nach anderen Regeln zu leben. Er jedenfalls hat es versucht. Glaubte er dem weißen Mann? – Pech für ihn. Möglicherweise blieb er ein Krieger, zog 1876, als die Armee ihn rief, gegen Sioux, Cheyenne und Arapaho aus, kämpfte unter Brigadegeneral George Crook gegen sie, die von Crazy Horse angeführt wurden. Kehrte heim hierher, um sich an diesem Ofen sein Pfeifchen schmecken zu lassen, während man draußen die Kopfhäute zum Trocknen aufspannte...

Hier haben sie ihn skalpiert

„Hier!“ Tom hält mir seine Whiskey-Flasche hin, „er ist gerade mal um die Ecke.“

Ich nehme einen ordentlichen Schluck und Tom zieht nach. Schraubt die Pulle zu, steckt sie zurück ins Überlebenspäckchen. Die Steaks brutzeln und im Ofen knackt es. Die Tür geht auf und Plainfeather erscheint auf der Bühne, eine nackte, gebadete Maus, die glücklich zittert. Er frottiert seinen Kopf, steigt in die Hosen.

„Du kommst zur richtigen Zeit“, sagt Tom und teilt Teller aus. Der Ofen strahlt enorme Hitze ab. Ich krame

Das Fleisch brutzelt, im Ofen knackt es...

Bierdosen aus dem Seesack, stelle jedem eine hin. Mit ausgestreckten Armen, alte Socken als Topflappen, ergreift Tom den Pfannenstiel, stellt den Tiegel auf den Tisch aus Holzbohlen. Wir langen zu, holen mit Gabeln die fiependen Steakklumpen auf verbeultes Blechgeschirr. Wie durch Butter schneidet das Messer. Knusprig die Ränder, die Kruste, denn das Fleisch ist saftig, zart durchwachsen von Fettadern. Ein Festmahl, ein steinzeitliches Fressen ohne Kartoffeln, Brot, Karotten und dergleichen Firlefanz.

Um uns das Knacken und Knistern bis in den Schlummer hinein zu erhalten, lege ich reichlich Holz nach. Tom muckt auf, weil es ihm viel zu warm ist. Doch ich vertröste ihn auf die Nacht, in der es hereinregnen könnte.

Es wird hereinregnen, und Tom wird gerade noch rechtzeitig eine Plastikplane über unsere Schlafsäcke ausbreiten können, während ich im Traum einen anspringenden Puma abwehre. Am Morgen, wenn John schon Kaffee gekocht und Tom die Pfannkuchen gebraten hat, wird beim Anblick der gut platzierten Abdeckung Stolz in mir aufsteigen. Stolz auf ihn, der uns vorm Absaufen bewahrt hat. Den Chemnitzer Kanalingenieur, der jederzeit unter allen Umständen funktioniert!

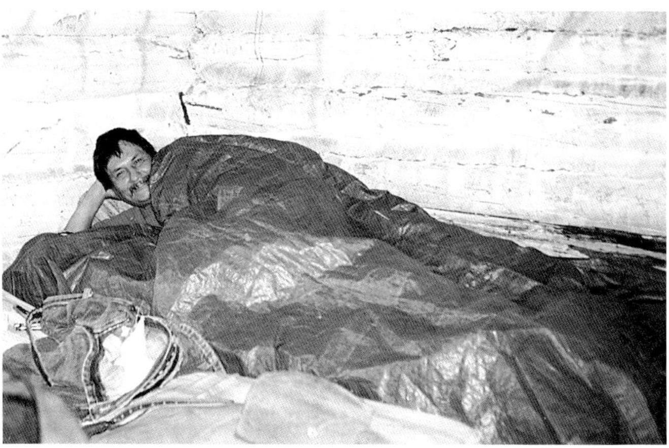

Unser Häuptling vorm Schlafen: es könnte regnen

Auf meine Fragen lächelt er milde. Geschnarcht? Geregnet? Bären gekommen und Zimmer durchwühlt? Er winkt resigniert ab. John stellt die Pötte an unsere Plätze, löffelt gemahlenen Kaffee hinein. Das Wasser auf dem Ofen beginnt zu sieden.

Ich greife mir Handtuch und Zahnbürste. Der Himmel ist blau. Kalt glänzen die weißen Bergkuppen, und die Sonne steht über dem Horizont. Den Hauch vorm Gesicht, latsche ich barfuß los, rutsche aus. Polly – wo war sie die Nacht über? – schlappert meine Arme ab, springt, während ich mich aufrapple, an mir hoch, um mir mit der nassen Zunge über das Gesicht zu lecken. Ich fühle mich zu Hause. Beim Kaffee schlägt John vor, auch die nächste Nacht hier zu bleiben. Wir könnten die Gegend erkunden, morgen erst weiterziehen. Für die Packpferde wäre ein Tag Ruhe gut.

Wir galoppieren bis zum Waldrand, reiten von da an hintereinander im Schritt. Die Bäume stehen dicht und Unterholz erschwert uns das Vorwärtskommen. Gegen Mittag, das Tal liegt weit hinter uns, gibt der Crow ein Zeichen anzuhalten. Er weist auf eine frische Fährte, springt

ab. „Mountain Lion“, sagt er und untersucht die Trittsiegel, „letzte Nacht erst. Du brauchst viel Glück oder gute Hunde, um ihn aufzuspüren. Wenn die Hunde dicht an ihn heran kommen, klettert der Puma auf einen Baum. Dann“, John legt ein imaginäres Gewehr an, „gehört er dir.“

„Wie lange ist das her?“, fragt ihn Tom.

„Gejagt. Geschossen hat ihn mein Bruder“, sagt John und schwingt sich in den Sattel, „der Puma hatte seinen Hund getötet.“

An einem sanft abfallenden Südhang, in einem Birkenwäldchen, stoßen wir im hohen Gras auf verkohlte Balken, die sich um einen eingestürzten Kamin verteilen. Ein Grundriss ähnlich dem unseres Hauses.

„Ein Schwede“, sagt der Indianer. „Vor über hundert Jahren. Er war nicht mehr ganz jung, wollte Käse herstellen.“

„Käse?“, wiederholt Tom. „Hier?“

„Ja“, sagt John, „Käse. Sie haben ihn skalpiert.“

„Skalpiert?“, frage ich ungläubig. „Ich denke, die Crow waren Freunde der Weißen?“

„Sicher“, sagt der Indianer ohne Gefühlsregung, „aber der hier war allein.“

In seinen Augen erkenne ich, dass das kein Witz sein soll, das kurze Lächeln gilt meinem Schreck. Er trabt an.

Tom bringt sich neben mich. Wir schweigen. Ich nehme den Zügel auf und kicke Spat in die Seiten. Das Pferd beginnt am Platz zu galoppieren, bis sich die Spannung auf den Appaloosa überträgt, der nun fort will von hier. Wir drehen eine Runde um die Ruine, holen den Häuptling ein. Ohne Hast reiten wir zurück. Die Sonne geht unter, und auf einer ausgedehnten Lichtung treffen wir auf grasende Wapitis. Gemächlich zieht die Herde weiter, als wir nahe an sie herankommen.

Diesmal ist der Crow der Erste, der sich am Bach zu waschen beginnt. Wir richten uns in der Abenddämmerung am Feuer ein. Tom bringt ein paar Dosen Coors zum Wasser, steckt sie in den Kies, stopft sich die Pfeife. „So sind sie", sagt er.

Die Pferde spüren, dass etwas nicht stimmt

Am nächsten Morgen fehlt John. Sein Schlafsack liegt noch auf der Matratze. Tom geht sich waschen, während ich im Ofen Holz auf zerknülltes Zeitungspapier schichte. Der Ofen qualmt aus allen Fugen, dann beginnt es zu prasseln.

„Der ist wirklich verschwunden", sagt Tom, als er bibbernd zurückkommt.

„Mit Pferd?"

Tom nickt. Ich fasse in Plainfeathers Schlafsack – kalt.

„Polly ist aber draußen", beeilt sich der Freund zu versichern. Ich gehe los, nehme die Kaffeekanne mit zum Bach. Blauschwarze Wolken hängen tief, aus den Wäldern steigt Nebel auf. Es ist kalt. Mitten in meiner Kneippkur sehe ich John von ferne auf mich zu traben. Ich trockne mich ab, fahre in Hosen und Stiefel. Noch vor mir kommt der Häuptling am Blockhaus an, wirft eine zierliche Hirschkuh ins Gras, springt ab. „Wir haben kein Fleisch mehr!" Er lacht, bindet sein Pferd an. Der Jagdbeute hängt die Zunge zur Seite heraus, die Kehle ist durchgeschnitten. Der Schuss war ins Blatt gegangen. Der Hund schnuppert aufgeregt an der Weißwedelhirschkuh herum, bellt, als ob er sie zur Strecke gebracht hätte. Der Indianer hängt das Wild an zwei große geschmiedete Nägel, die unter der Dachkante hervorstehen. Der Jäger zieht die Decke ab, bricht mit sicheren Schnitten die Kuh auf. Die Eingeweide im Gras dampfen. John winkt Tom heran, gibt ihm Leber, Nieren, Herz und Zunge, er soll sie ins Haus tragen. Polly zerrt Eingeweide hinter die Hütte.

Die Keule brät in der riesigen Pfanne. John bietet Tom die rohe Leber an, und als der abwinkt, bekomme ich sie gereicht. Ich beiße ab, und John beißt ab. Das Herz schneidet der Indianer in vier Teile, wirft ein Stück vor die Tür, gibt uns jeweils eins, isst das vierte. Tom würgt's hinter. Mit einem Schluck Kaffee beende ich die Vorspeise und warte aufs Muskelfleisch, das, von unten nach oben vom Knochen geschnitten, schließlich drei ausreichende Portionen ergibt. Gesättigt stochern wir mit Streichhölzern in den Zähnen herum, gießen Kaffee nach, rauchen.

Danach zwängen wir die Teile der Hirschkuh, die noch draußen liegen, in die Fresskiste, tragen Schlaf- und Seesäcke vor die Hütte. Polly schleift immer noch Gekröse durchs Gras, lässt es liegen, kläfft. Der Indianer zeigt energisch mit dem Arm in die Ferne. Der Köter fegt los, stutzt nach hundert Metern, rennt hin und her, kehrt unsicher zurück. Er ist gefoppt worden, weiß aber nicht, was das ist, gefoppt zu werden. Das lange Stück Dünndarm liegt irgendwo im Gras.

Wir füllen die Wasserflasche auf, stecken sie in eine Satteltasche. Ich führe Spat an die hohe Schwelle der Hütte, die lädierten Rippen melden sich dennoch. Tom, der's beobachtet hat, lächelt mir milde zu. Der Crow reitet los, die Packpferde hinter sich, ohne sich nach uns umzusehen.

Im Schritt, mal im Trab, ziehen wir über Berge und durch Täler. Vor uns gibt es keine Spur zwischen Douglasien, Grautannen und Borstenkiefern, keine über die Wiesen. Gelegentlich eine Wildfährte im Gras, ein verblichener Schädel, auf dem ein Geweih sitzt, ein Ameisenhügel, ein Bovist, ein bemooster Stamm.

Am frühen Nachmittag kommen wir an vier verfallenen Blockhäusern vorbei. Die Dächer sind eingesunken, die Balken verrottet. Ich frage John, ob hier Weiße gesiedelt haben.

„Crow", sagt John, „vor langer Zeit." Er erzählt, dass 1882 der Kongress beschloss, das Reservationsgebiet noch einmal zu verkleinern. Die Regierung habe als Entschädigung den Crow Häuser gebaut. 1920, nach der Parzellierung, seien die Leute, die hier gewohnt hatten, auf das ihnen zugewiesene Land gezogen, runter in die Plains. Einige hätten sich als Rinderzüchter versucht, andere ihr Weideland verpachtet.

Ich frage, was er mit seinem Land macht. „Nichts", sagt er, „ich lasse es, wie es ist, morgen sind wir vielleicht dort."

Auf einer baumlosen Bergkuppe rasten wir, nehmen ein paar Schlucke aus der Wasserflasche, rauchen. Am Horizont erheben sich im Südosten die Bighorn Mountains über dem Big Bull Elk Canyon. Ein Gebirge, dessen Gipfel hier in Montana über 2600 Meter, im südlichen, in Wyoming gelegenen Teil über 4000 Meter aufragen. Viel Zeit gibt uns John nicht. Er pfeift nach seinem Pferd, das in der Nähe grast, schwingt sich in den Sattel und lässt sich von Tom noch einmal die Flasche reichen. Tom und ich gehen unsere Pferde holen, die wir unterhalb der Kuppe an Bäume gebunden hatten. Reiten hoch, finden aber weder den Indianer noch die Packpferde vor. Wir rufen nach ihm, einmal, zweimal. Eine Spur im Gras führt in den Wald. Wir folgen ihr durch dichten Busch, bis sie auf ein breites Kiesbett führt. Von da an sind wir auf uns gestellt. Wir suchen aufwärts

und abwärts, rufen abermals. Der Wald ist still, kein Geräusch von Hufen, nichts. Die Pferde scheinen zu spüren, dass etwas nicht ist, wie es sein sollte. Unsere Aufregung überträgt sich auf sie. Sie tänzeln. Wir tätscheln sie zur Beruhigung, reiten hin und her, kämpfen uns im Zickzack durch den Urwald. Ich pfeife nach Polly, in der Hoffnung, dass sie zu mir hält und sich meldet...

Wir reiten weiter unten um die Bergkuppe herum. Keiner löst sich mit drei Pferden in Luft auf, auch kein Crow! Im Schritt, die Augen auf den Boden gerichtet, suchen wir nach einer Spur. Nachdem wir den Berg umrundet haben, ohne auf die geringsten Anzeichen zu stoßen, fragen wir uns, ob der Indianer sich tatsächlich aus dem Staub gemacht hat.

Ich schlage vor, auf den Gipfel zurückzukehren. Von dort oben sollten wir, solange es hell ist, uns das Gelände in nordwestlicher Richtung einprägen. In zwei scharfen Tagesritten könnten wir aus dem Gebirge herauskommen, die Plains erreichen. Vielleicht würden wir irgendwann auf eine Sandpiste stoßen, auf Menschen.

„Und was, wenn kein Wasser kommt?", fragt Tom.

Oben halten wir eine Sitzung ab, entscheiden uns, dem

Kamm zu folgen bis ins dahinter liegende Tal, in dem es einen Bach geben könnte. Morgen würden wir das Tal aufwärts reiten und uns nach Westen wenden. Spätestens wenn wir die Castle Rocks sähen, müssten wir nordwärts einen Abstieg suchen.

Die Sache ist entschieden, wir galoppieren auf dem kahlen Bergrücken der untergehenden Sonne entgegen. Lassen die Pferde traben, wenn das Gelände abfällt. Im Wald ist es dämmrig, doch die Tiere finden einen Weg. Ein paarmal stolpern sie und einmal knallt Tom mit dem Kopf gegen einen Ast. Wir sind entschlossen, so weit wie möglich zu kommen, ignorieren das Hungergefühl, reden manchmal.

„Hast du schon daran gedacht“, fragt Tom, „was zu tun ist, wenn uns ein Grizzly besucht?“

„Für einen Grizzly stinken wir zu wenig, und zu beißen haben wir auch nichts. Wir werden ein großes Feuer machen, was sonst.“

„Wenn ich an die Hirschkeule denke, die der jetzt irgendwo brät!“, klagt Tom.

„Und das Bier erst!“, rufe ich.

Schweigend dirigieren wir die Pferde um dicht zusammenstehende Baumstämme und Sträucher herum, bis es nicht mehr weiter geht. Wir müssen wenden, wieder ein Stück bergan reiten, um es woanders zu versuchen. Im Tal finden wir zu unserer Freude tatsächlich einen Bach, dem wir bis zu einer kleinen Lichtung folgen. Wir tränken die Tiere, binden sie an, damit wir Holz sammeln können. Es ist noch hinreichend hell. Als uns der Haufen groß genug erscheint, versuchen wir, aus den Satteldecken Schlafstätten zu bauen, nehmen die Sättel als Kopfkissen. Ich schneide Harzklumpen von der Rinde der Bäume, suche trockene Zweige. „Sei mal ruhig!", zischt Tom. Im Wald, aus der Richtung, aus der wir kamen, ist von weither das Knacken von Ästen zu hören. Was es auch sein mag, es wird lauter, kommt direkt auf uns zu. Aufgeregt beginnen unsere Pferde zu wiehern. Tom blickt sich um, als ob er nach einem geeigneten Fluchtweg suche. „Sollten wir nicht besser satteln?", fragt er.

Ich zünde das dürre Zeug an, blase, dass es unter dem Holz zu flackern beginnt, lege nach. Langsam erfassen die Flammen dünne Äste und knorrige Wurzelenden. Es knistert, und ich puste weiter. „Wenn es kein Bär ist", sage ich, „bleiben nur Elche oder Pferde."

„Pferde", sagt Tom erleichtert, winkt ab und setzt sich hin, „ich habe es schnauben gehört."

Wir verständigen uns mit Gesten darauf, uns selbstsicher zu geben, strecken uns am Feuer aus. Tom steckt sich seine Pfeife an. Polly begrüßt uns aufgeregt, rennt zwischen uns hin und her. Unter Bäumen taucht der Crow mit den Packpferden auf, springt ab. Seine Pferde gehen gleich saufen. „Wo wart ihr?", ruft er herüber, „ich habe euch gesucht!"

„Und du hast uns gefunden", sage ich, schiebe ein paar Knüppel nach und lächle zurück.

Tom erhebt sich, hilft den Packtieren die Lasten abzunehmen und kommt mit Pfanne und Hirschkeule zurück. Er zwinkert mir zu. John bringt drei Dosen Bier ans Feuer, erzählt was von einer frischen Bärenfährte, die unsere Spur nicht weit von hier gekreuzt habe oder die wir kreuzten. Eigentlich hätten wir den Burschen treffen müssen.

„Er will andeuten, dass wir blinde Hühner sind“, sagt Tom, „er geht mir auf die Nerven.“

„Er sollte uns loben“, sage ich, „schließlich sind wir in professioneller Gelassenheit in die richtige Richtung geritten. – Our direction, John?“

„Okay“, sagt John, kaut einen Halm.

„The campground too?“, fragt Tom.

„Yes“, sagt John.

Wir ziehen die Nippel von den Büchsen, prosten uns zu. Tom befasst sich mit der Keule, ich frage John nach den heiligen Orten, die es hier in den Pryor Mountains geben soll – Plätze, an denen Krieger traditionell fasteten, um Visionen zu erhalten. Felsvorsprünge, Steinbetten, um auf die Tiergeister zu warten, Boten des *Ersten Schöpfers*.

„An zwei solchen Plätzen seid ihr vorbei geritten“, er zeigt auf den Bergkamm. „Two Leggings und Medicine Crow fasteten schon dort. Heute gehen junge Männer vorm Sonnentanz rauf, um ohne Wasser auszukommen. Sie warten auf *Baxbe*, das ist Kraft!“ John ballt die Fäuste vor der Brust. „Medicine Crow sah im Traum ein schwarzes Wesen mit kreisrun-

den Beinen, das Kästen hinter sich herzog. Viele Jahre später wurde dort drüben die Bighorn-Bahnlinie in Betrieb genommen. Adler und Habicht waren seine helfenden Geister."

„Warum nicht", murmelt Tom und wendet mit dem Jagdmesser den Braten.

„Er war ein großer Häuptling", sage ich.

Plainfeather nickt.

„Zum Beispiel kämpfte er gegen die Nez Percé, die, gehetzt von vier Armeen, sich nach Kanada retten wollten..."

„Ja", sagt John und wirft den Halm ins Feuer. Die Provokation ist ihm nicht entgangen.

„Auch Crazy Horse willigte ein, als Armeescout gegen Chief Joseph auszuziehen", reize ich weiter, „*bis kein Nez Percé mehr am Leben ist.* Es kam nicht dazu. Seine eigenen Leute hatten intrigiert gegen ihn, ihn bei der Armee denunziert..."

„Sioux!", sagt John, spuckt verächtlich zur Seite, macht eine kleine Pause und lacht los – eine Selbstironie, die mich um hundert Jahre zu spät kommen lässt mit meinen Sticheleien. Ich raffe mich auf pinkeln zu gehen, schlage in seine ausgestreckte Hand. Aho! Damit ist das Thema beendet.

Nach dem Essen legt Tom nochmal Holz nach. „Willst du?" Er hält mir eine halbvolle Packung Zigaretten hin. Der Sternhimmel erhellt die Lichtung, sie sieht aus, als ob sie im Schnee läge. Ich komme hoch, ziehe mir eine. John, noch immer auf den Ellenbogen aufgestützt, schmunzelt mir im matten Feuerschein zu. Er nimmt auch eine, und Tom geht Bier holen. Streichelt sein Pferd, das wohl geschlafen hat, jetzt aber zufrieden schnaubt. Aus dem Wald ist der Schrei einer Eule zu hören, das Heulen von Kojoten. Das Feuer lodert wieder auf und beleuchtet unsere Gesichter. Die Beine sind schwer. Genüsslich rekle ich die von den Stiefeln befreiten Füße im flauschig warmen Sack. John hat sich schon auf die Seite gedreht. „Angenehme Nachtruhe", sagt Tom.

Am nächsten Tag reiten wir auf der Route, die wir uns versucht hatten einzuprägen, erreichen um die Mittagszeit den Nordrand der Pryor Mountains, an dem das Gebirge abfällt, der Wald weit unten in Grasland übergeht. Oberhalb eines langgestreckten Tals, das sich zu den Plains hin erweitert, hält der Indianer. „Mein Teil!" Er zeigt über die Senke.

Das Schicksal kommt den Berg herab

„Das ganze Tal?", fragen wir.

John bejaht lächelnd. „Das Tal und unten ein Stück Prärie."

Wir sind beeindruckt. „Hältst du Vieh darauf?", frage ich.

Er schüttelt den Kopf. „Ich lass es, wie es ist."

„Stell dir vor, was man damit machen könnte!" In Toms Kopf beginnt es zu arbeiten. „Aber er lässt es..."

„Er kann es selbst nutzen oder für zwei, höchstens drei Jahre als Weideland verpachten. Verkaufen kann er nicht. Die Besitzurkunden liegen beim Büro für Indianerangelegenheiten." Ich frage John, ob ich Recht habe.

John nickt. Würde es auch nicht veräußern. Früher hätten einige ihr Land an Weiße verkauft. In den sechziger Jahren wurde das verboten. Seitdem hat der Stamm alle Parzellen, die Einzelne zu Geld machen wollten, aufgekauft.

Ein Stück reiten wir noch um Plainfeathers Tal herum, folgen dann dem Kamm nach Nordwesten. Noch einmal kampieren, und wir würden Connors Ranch erreichen. Und als ob uns unser Häuptling durchaus noch die Tränen in die Augen treiben will, schlägt er wieder sein Mordstempo an. Ohne Pausen zieht er bis in den späten Nachmittag durch, hält schließlich auf einem Berg, der nach Norden in das Hügelland abfällt. Noch einmal haben wir einen Ausblick über die Crow Reservation, wie aus einem Flugzeug. Das Plateau ist zum großen Teil mit verharschten Schneefeldern bedeckt, Inseln von Kräutern ziehen die Pferde an, und wir lassen sie fressen. Nur Polly rennt unruhig umher, die Nase auf den Boden gerichtet. Der Indianer heißt uns auf die Pferde zu achten, springt in den Sattel. „Der Hund wittert was", ruft er uns im Davonreiten zu, „will kämpfen!"

Wir behalten John im Blick, bis er hinter der Kuppe verschwindet, warten und stecken uns eine an. Plainfeather erscheint gleich wieder. „Vielleicht ein Bär", sagt er, bleibt im Sattel. Das Zeichen für den Aufbruch. Wir steigen auf, folgen ihm den kahlen Hang hinab, auf den Wald zu, der den steilen Bergkegel umgibt. Der Hund, noch immer erregt, taucht vor uns im Gebüsch unter. Die Pferde zwängen sich durch schier undurchdringliches Grün. Bald ist von den Packtieren, obwohl sie kurz vor uns sind, nichts mehr zu sehen. Dabei nimmt das Gefälle zu, so dass wir uns streckenweise bis auf den Pferderücken zurücklehnen müssen. Statt in Serpentinen den Abhang anzugehen, reitet der Crow gerade hinunter. Äste, von Tom weggedrückt, schnellen mir entgegen. Spat beginnt auf der Hinterhand zu rutschen, hält plötzlich vor einem quer liegenden Baumstamm, der ihm in Brusthöhe den Weg versperrt. Vorn, unter mir, höre ich Tom verzweifelt fluchen. Ich nehme Spat an den Zügel, versuche ihn zur Seite, den Stamm entlang zu treiben. Wir würden uns überschlagen, falls er spränge! Das Pferd zwingt junge Bäume nieder, krachend geben sie nach. Obwohl es mir nur eine Frage von Sekunden zu sein scheint, bis ich auf dem Hang unter Spat begraben werde, muss ich ihn doch vorwärts treiben, um den Anschluss nicht zu verlieren. Noch ist der Appaloosa zu hören, wie er, mit seinen langen Beinen im Vorteil, dennoch mit den Hufen gegen Holz donnert, ängstlich wiehert. Dann lichtet sich der Busch soweit, dass ich Tom und weiter unten John erkennen kann, der die Packpferde hinter sich her schleift. Er muss den Strick ums Sattelhorn gebunden haben und sein Reitpferd unerbittlich antreiben. Die Baumwipfel geben durch einen Korridor den Blick auf die Plains frei, dass mir schwindelt. Ich stemme mich am Sattelhorn ein, lehne mich zurück, auch, ums nicht sehen zu müssen. Die Hinterhand gerät unter mir ins Rutschen, und das Pferd geht hinten nieder. In einem Geröllabgang komme ich Tom schneller näher, als mir recht ist. Doch Spat schaufelt wie besessen gegen den rollenden Hang, rettet, indem er sich nicht die Beine wegziehen lässt, mein Leben. Um uns zweien Mut zu machen, tätschle ich seinen Hals. Sein Fell ist klitschnass, seine Nüstern beben, die Flanken zittern. Ich bin kurz vorm Aufgeben.

Man sollte den *Alten Mann Oben* nicht herausfordern

„Das Arschloch will Schluss machen!“, ruft Tom. „Und uns mitnehmen!“

Der Abhang neigt sich noch einmal, und ich sehe Toms Oberkörper, dann den Pferdehintern vor mir im Gelände verschwinden. Ein Stich, den kein Mensch, ohne sich festzukrallen, überwinden könnte! Birken besiedeln ihn und Kiefern, deren Wurzeln sich wie Spinnengebein über den Hang ziehen. Der Indianer, entschlossen, uns winseln zu hören, stößt seinem Pferd die Hacken in die Seiten. Es riskiert verzweifelte Galoppsprünge, rutscht mit der Hinterhand in die Vorderhand. Doch den *Alten Mann Oben* sollte man nicht herausfordern – das Schicksal kommt von rechts den Berg herab, überholt mich im Gesträuch, ein Getöse, ein Splittern und Krachen von grünem Holz, wütendes Brüllen, Gekläff. Es passiert meine und Toms Höhe im Tempo einer Lawine, schießt, getarnt von Gestrüpp, auf den Indianer zu. Zwei Bären, die ihn nicht eher gesehen haben können als er sie, brechen, von Polly verfolgt, aus dem Unterholz. Der eine stiebt unter dem Pferd durch. Der andere quer vor ihm vorbei. Das Pferd, eine aufsteigende Rakete, in Todesangst den Kopf zurück gerissen, springt um sein Leben! Landet im Unterholz, tobt, was wir nur hören können, weiter abwärts. Die Packpferde fliehen, noch immer aneinander gebunden, aber nicht mehr gezogen, panisch dem Leitpferd hinterher in seine Schneise.

„Gewalt!“ brüllt Tom, als auch sein Vieh sich aufrichtet, um anschließend in die Tiefe zu buckeln. Sein Hut, ein wankender Diskus, schwebt auf mich zu, dass es auch Spat zu viel wird... Gerade noch kann ich den Deckel auffangen, bevor es in kopflosen Sätzen zur Seite weg in den Hang geht! Tom, hoch überm Sattel, springt barhäuptig in die grüne Wand. Es splittert und rauscht, dann ist er fort.

Ich bin hundert oder zweihundert Meter seitwärts gelandet, als Spat sich an den Zügel stellen lässt. Außer seinem Zittern und Schnaufen erinnert nichts mehr an den

Horror eben. Der Hang, viel gefälliger hier, mündet sehr weit unten ins Hügelland. In Ruhe und auf uns gestellt zuckeln wir los, ich verstaue Toms Hut in der Satteltasche. Fügsam macht der Hengst das, was ich mir vorstelle. Ich genieße die Aussicht, nähere mich im gemäßigten Tempo der Ebene. Von Tom ist nichts zu sehen. Der Häuptling, weit unter mir, hängt vornübergeneigt im Sattel. Den Packpferden muss es inzwischen gelungen sein, sich zu trennen. Mit hängendem Kopf folgen sie ihm in gehörigem Abstand, grasen oder traben, dass das Gepäck auf ihnen hin und her torkelt. Er dreht sich nicht um nach ihnen oder uns, was mich in meiner Befürchtung bestärkt.

Auf Tom treffe ich tief unten. Einen Zipfel zwischen den Zähnen, verknotet er das Taschentuch um den lädierten Unterarm, lacht mit verdrecktem Gesicht herüber: „Es wird ihn ärgern, dass wir leben, oder?"

Im kurzen Galopp reiten wir den Hang hinunter bis zum ersten Weidezaun. Der Crow liegt im Gras, hält den Handrücken über den Mund. Sein Pferd grast neben ihm.

„What´s the matter?", frage ich kühl.

Er kommt hoch, wischt Blut von den Lippen, erzählt und zeigt mit den Händen, wie es passiert ist: ein Bär unter ihm durch, einer vorm Pferd vorbei. Das geht hoch, reißt den Kopf zurück, schlägt ihm den Zahn aus... „Zwei junge Bären", ächzt John, macht den Mund auf, zeigt uns das Loch, in dem nur noch die Wurzel steckt, kramt den blutigen Zahn aus der Brusttasche. Tom greift ihn sich mit zwei dreckigen Fingern, reicht ihn an mich weiter. Respektvoll betrachte ich ihn, gebe ihn dann seinem Besitzer zurück, der die Reliquie behutsam in die Tasche zurückschiebt. Dass Indianer keinen Schmerz kennen, ist Quatsch!

Wir könnten dort drüben kampieren, wird uns jetzt gefasst erklärt. Wir hätten Wasser. Andererseits, der Crow zügelt sich, es direkt auszusprechen, wäre es möglich, noch vor

Mitternacht Connors Ranch zu erreichen. Von dort, das verstehen wir, könnte er mit seinem Pickup nach Pryor fahren, wo es in der Reservationsambulanz einen Zahnarzt gibt...

Wir geben nun doch Pardon, entscheiden uns mit ihm für den Zahnarzt. Doch wie noch sitzen? Nach elf Stunden mit einem solchen Finale? Wir müssten die Hosen vorsichtig abziehen, uns erstmal langsam ins Wasser hocken... Was essen, was trinken.

Keine Lust auf Klapperschlangenpizza

Die Sonne ist gesunken, wirft lange Schatten. Zehn bis zwölf Weidezäune wollen bis zu Connors Ranch geöffnet und geschlossen sein. Absteigen, aufsteigen... Tom übernimmt es, damit der Indianer auf dem Pferd bleiben kann. Polly umkreist uns, ohne zu bellen.

Weit verstreut grasen Rinder auf den Weiden. Kühe mit Kälbern, junge Bullen. Wir reiten zwischen ihnen hindurch bis zum nächsten Gate, kommen auf eine Weide junger Mustangs. Die Herde tobt neugierig heran, halbstarke Hengste galoppieren zwischen uns und die Packpferde. Unsere alten Rösser schlagen gereizt nach den Hooligans aus, die hier unten eine schöne Kindheit hatten. Präriehunde pfeifen uns abgeschlagene Kerle aus. Im Dunkeln reiten wir die letzten Kilometer, und obwohl wir schon aus der Ferne das winzige Lichtpünktchen sahen, zieht sich der Weg länger hin als gedacht. Kurz vor eins reiten wir durchs Tor, das aus drei dicken Baumstämmen besteht. Wiehernd begrüßen unsere Pferde die Herde, die sich am Koppelrand versammelt. Connor tritt in Jeans und Unterhemd auf die Veranda, kommt uns entgegen. „Seid ihr okay?" Er blinzelt zu uns hoch, fährt dem ersten Pferd über den Hals. Der Hals ist nass, eine Wunde zieht sich quer über die Brust. Der Crow berichtet knapp von Pollys Bärenjagd, bleckt die Zähne, zeigt auf die Stelle, wo der Zahn fehlt.

„Oh gosh!", sagt Connor, unterdrückt ein Lachen. Aus dem Haus ist der Fernseher zu hören. Wahrscheinlich John Wayne. „Und ihr?" Connor gibt sich erstaunt, uns überhaupt wiederzusehen.

„We are allright", sagt Tom und schmettert ein „very interesting trip" nach.

„Wo ist dein Hut?", fragt Connor. Hier in Montana fällt ein Kerl ohne Hut eher auf als einer ohne Hosen.

Tom winkt ab. Ich helfe John, die Packpferde ins Dunkle zu führen, abzuladen und sie zur Koppel zu bringen, ehe Connor die wundgescheuerten Stellen auf ihren Rücken entdeckt. Die Pferde werden sich wälzen und, wenn Connor sie braucht, besser aussehen. Indianische Cowboys werden sie satteln und auf ihnen Kühe von Weide zu Weide zu treiben.

Wir schnallen die Chinks ab, gehen rein zum Kühlschrank, wo Bier auf uns wartet. Plainfeather drückt sich eine kalte Dose unter die Unterlippe. Tom haut dem Häuptling auf die Schulter. Der lässt sich auf nichts mehr ein, reißt stoisch zum Anstoßen auf. Toms Finger zeigt auf Connors Spüle. Auf der Spüle liegt zusammengerollt eine abgezogene Klapperschlange. „Das Frühstück", sagt Connor. „Kam unter der Veranda raus. Habt ihr Lust auf Klapperschlangenpizza?"

„Weder auf Klapperschlange noch Pizza", sage ich wahrheitsgemäß, und als mich der Nachfahre Sitting Bulls enttäuscht ansieht: „Wenn schon, dann ohne Teig." Tom wendet sich ab.

John nimmt seine Chinks, vergisst sein Bier. „Bis morgen", nuschelt er. Polly erwacht und springt vom Sofa. Durchs Fenster sehen wir, wie John sein Pferd in den Trailer führt, die Tür schließt, vorn einsteigt. Dann hören wir den Pickup stottern. Die Suchscheinwerfer auf dem Dach flackern.

„Ob ich Großvater bin? Bestimmt", sagt Tom und wirft mit den Büchsennippel nach der Klapperschlange.

„Bingo." Connor grinst. „Das Kind ist da, es heißt Emil."

Der Freund springt auf und gibt jetzt Connor einen Schlag auf die Schulter.

„Vor drei, vier Tagen schon. Real Bird war dran, hat nicht so genau verstanden, wer angerufen hat. Er ist ein alter Crow und es war früh um fünf." Connor hebt entschuldigend die Hände, stemmt sich hoch, holt das Telefon. Tom geht damit nach draußen.

„Bist du etwa auch schon Großvater?", fragt Connor.

„Nein."

„Ich auch nicht", sagt Connor. Betrübt nuckeln wir an unserem Bier.

Die Tür fliegt auf. „Chaos!", stöhnt Tom und stellt die lange aufgesparte Flasche Whiskey auf den Tisch. „Meine Tochter! Geburt okay. Kind gesund. Statt aber im Bett liegen zu bleiben, muss meine Tochter aufstehen, stolpern und sich am eisernen Bettgestell drei Schneidezähne ausschlagen." Lachend holt er Gläser, schüttet sie voll. „Schade, dass Plainfeather nicht mehr hier ist."

Zum Little Bighorn

Am übernächsten Tag wollen wir Medicine Crow, den Heiligen Raben, treffen. Wir haben uns auf dem Schlachtfeld verabredet, dem „Little-Bighorn-Nationalmonument", dem Ort, an dem Sioux, Cheyenne und Arapaho 1876 die 7. Kavallerie unter Lieutenant Colonel Custer vernichteten – Medicine Crow, Connor, Tom und ich.

Erst einmal aber schlafen wir aus, lassen uns morgens Zeit, leihen uns Connors Pickup und fahren zur Plenty-Coups-Gedenkstätte, wo noch das Haus des großen Crow-Häuptlings steht. Wir sind die einzigen Besucher und werden von den indianischen Gralshütern, drei jungen Frauen und einem älteren Mann, freundlich empfangen. Erfahren, wie Plenty Coups zu seinem Namen kam, den man mit

„Viele Auszeichnungen im Kampf" übersetzen kann, studieren Piktogramme seiner Ruhmestaten, hinterlassene Gegenstände, frühe Fotografien. Wir inspizieren alles genau, bemerken zu spät, dass man unseretwegen Überstunden macht. Niemand drängt uns, man lächelt uns zu.

Abends nehmen wir ein Bad in einer der Viehtränken. Nach Steaks zum Dinner und ein paar Büchsen Bier mit Real Bird machen wir Feuer im Tipi, weil es hier nachts kühl wird wie im Spätherbst. Auf unseren Schlafplätzen gegenüber dem Eingang ziehen wir über Connors John-Wayne-Macke her. Am Himmel, in der Rauchabzugsöffnung, sind die Sterne zu sehen. Sie schwanken in der heißen Luft. Beim Prasseln des Feuers schlafen wir ein.

Wieder fahren wir über endlos scheinendes Land mit grünen Hügeln und einer zu den Gebirgswäldern aufsteigenden Prärie. Eine Rinderherde, von fünf, sechs Indianern getrieben, überquert die Straße. Connor wechselt zum Fenster heraus ein paar Sätze mit einem Cowboy, wartet, bis die letzte Kuh vorbei ist.

Die Siedlungen, durch die wir fahren, könnten wir auch aus Fernsehreportagen über Zentralafrika kennen. Fertighütten, abgewrackte Karosserien, Kinder, die mit Schrott spielen, verwahrloste Hunde. Ein Getreidespeicher, ein Gemüsefeld. Erwachsene, die uns lange nachstarren. Dann wieder Prärie. Aller zehn, fünfzehn Kilometer ein schiefer Wegweiser vor einer holprigen Abzweigung, die von der dritten in die vierte Welt führt. Die Welt derer, die in Tipis wohnen oder aufgebockten Campinganhängern. In Schwitzhütten schwitzen oder ihre Stütze versaufen. Die auf die Geisterbüffel warten und darauf, dass alles zu seiner Ordnung zurückkehrt...

Weil Connor uns den Yellowtail-Damm zeigen will, der den Bighorn River im Tal der Häuptlinge staut, nehmen

Der Vorsprung ist keinen halben Meter breit...

„Komfortabel – schlafen wie ein Grizzly im Winter!“

Der lange Tom, wie immer als erster fertig

Morgendlicher Fototermin mit John Plainfeather

„Sie haben ihn hier skalpiert", sagt der Crow

Wir folgen Plainfeather den Hang hinab...

Dass Indianer keinen Schmerz kennen, ist Quatsch!

Ein Indianer erklärt uns den Verlauf der Schlacht

Mit Tom (links) am Stein der 7. Kavallerie auf dem Custer-Hügel

Warten, dass alles zu seiner Ordnung zurückfindet

Tom ist fortgeritten, um den Cowboys zu helfen - Ruhe kehrt ein

Medicine Crow vorm Lokal der River Crow

wir einen Umweg in Kauf. Kommen an dem Platz vorbei, an dem einmal das Fort C. F. Smith stand. Nichts außer einem Schild erinnert an das Festungswerk, das zusammen mit Fort Reno und Fort Phil Kearney den auf dem Bozeman Trail nach Westen ziehenden Siedlern und Goldsuchern Schutz bieten sollte. „Straße der Diebe“ nannten die Indianer den Trail, der ihren letzten großen Jagdgrund durchschnitt und den lediglich die Crow duldeten. Anfang August 1867 attackierten tausend Lakota- und Cheyennekrieger wiederholt das Fort. Doch die inzwischen mit Repetiergewehren bewaffneten Soldaten hielten stand. Um mit den feindlichen Stämmen zu einem Vertrag zu kommen, ging die Regierung dennoch auf die Bedingungen Red Clouds ein. Der Häuptling hatte die Aufgabe der drei Forts, die Schließung des Trails verlangt. Ein Jahr nach dem Überfall auf Fort C.F. Smith, bei dem lediglich sechs Soldaten, aber einhundertdreißig Indianer gefallen waren, räumte die Armee den Posten. Einen Monat später die beiden anderen. Die Indianer brannten die Anlagen nieder, schlossen am 6. November 1868 in Fort Laramie einen Friedensvertrag mit der Regierung. Ihnen wurden Territorien garantiert, die weite Gebiete von Montana, Wyoming, Nebraska, Nord- und Süddakota umfassten – Reservationen, die bis zum Ende des Jahrhunderts auf Bruchteile reduziert wurden.

An der Staumauer, die den Canyon verriegelt, in dem in alten Zeiten die Crow ihre Häuptlinge beisetzten, hält Connor neben einem kleinen Visitor Center, von dem aus man über den Stausee oder in den Abgrund blicken kann. Tafeln illustrieren Ingenieurleistungen, geben Einblicke in Geschichte und Beschaffenheit des Bauwerkes. Dass der Stamm das Gelände für den Damm 1958 für lächerliche 2,5 Millionen Dollar verkauft hatte, ist nirgendwo zu lesen. Bescheiden nimmt sich eine Tafel aus, die die Migrationsgeschichte der Crow zeigt. Aus dem Land der Seen und Wälder im Osten stammend, wanderten die Vorfahren der

Absarokee 120 Jahre lang über den Kontinent. Zogen westwärts bis in die Rocky Mountains, nach Südosten bis zum Zusammenfluss von Mississippi und Arkansas, bevor sie über die späteren Territorien von Nebraska, Süddakota und Wyoming das heutige Montana erreichten. Hier, in ihrem neuen Stammesland, gingen sie um 1700 als Büffeljäger zu ruhigerem Nomadenleben über. Eine Zeit brach an, in der die Absarokee zu einem der mächtigsten und wohlhabendsten Kriegerstämme der nördlichen Plains aufstiegen. Man schätzte ihre Zahl auf achttausend Menschen, nach einer von den Weißen in den vierziger Jahren des 19. Jahrhunderts eingeschleppten Pockenepidemie

Fertighäuser in der Reservation

blieben weniger als tausend von ihnen übrig. Verzweifelt wehrten sie sich gegen die Teton Lakota, Cheyenne und Arapaho, die wegen der vorrückenden Besiedlungsgrenze aus dem Osten und Süden auf sie zu gedrängt wurden.

Connor schleppt uns in ein Minikino, wo man uns, den einzigen Gästen, bereitwillig einen 20-Minuten-Film abspielt. Ein alter Häuptling, der in den Wolken erscheint, Bagger und Kipper, die auf der Erde unten aufräumen, Wasserski fahrende Amis, Sportangler und Ranger, die Pfadfindergruppen Tiere und Pflanzen erklären. Ich gehe rauchen, blinzle nach Nordosten. Der schmale Bighorn, ein glitzerndes Bändchen auf dem Grunde des Canyons. Folgte man ihm zwei Kilometer, man käme zu der Stelle, an der von Westen der Grapevine Creek einmündet – eine Gegend, die noch heute bei den Crow „Wo Männer Fleisch finden" heißt. Sie ist eine der reichsten Jagdgründe im Kernland des Stammes, eingeschlossen von Hängen, ein Becken mit saftigem Gras. Wie geschaffen für Treibjagden, und doch fanden sich Büffel dort, Elche, Hirsche.

Tom kommt mit Connor heraus, fotografiert See und Abfluss und steigt ins Auto. Ich setze mich dazu, will mich nicht verspäten zur Verabredung mit dem Häuptling.

Schlachtfeld am Little Bighorn – Steine für gefallene Kavalleristen

Crow Agency, der Hauptort der Reservation: ein winziges Nest zwischen Hügeln, auf denen kurzes Büffelgras wächst. Neben der Trading Post, einem althölzernen Souvenierladen mit integriertem Fastfood-Abteil, stehen bemalte Tipis für Vaterlandstouristen, die Custers Last Stand besuchen wollen. Wir fahren zum Einlasshäuschen der nationalen Gedenkstätte, und Connor reicht der hübschen rothaarigen Parkrangerin das Eintrittsgeld durchs Fenster. Am Friedhof vorbei, auf dem Gefallene aller Kriege liegen, fahren wir aufs Schlachtfeld. Die schmale Straße, sieben Kilometer lang, folgt Custers letztem Weg. Schautafeln erklären die Ereignisse, die zum bekannten Finale führten. Man braucht nicht viel Phantasie, um sich das lang gestreckte Indianerdorf im Tal vorzustellen. Eher schon für Custer, der sieben Kilometer an ihm entlang ritt, ohne von seinem Hügelkamm aus zu erkennen, was keinen Pfeilschuss entfernt lag... Worauf Indianerscouts ihn beschwörend hingewiesen hatten! Anders als Tom bin ich zum zweiten Mal hier, höre Doc Holliday, den Reserveoffizier der DDR-Volksarmee, von Geschichtsfälschung sprechen, von unvorstellbarem militärischen Dilettantismus. Ein junger Crow erklärt Besuchern den Hergang der Schlacht. Er ist

Gefallene aller Kriege...

angestellt bei Absarokee Tours, dem indianischen Konkurrenzunternehmen zum staatlichen Parkservice. Er geht auf in seinen Beschreibungen, kann die Bewunderung für die ehemaligen Stammesfeinde, Cheyenne und Sioux, kaum verbergen. Spielt einen Crow-Scout, der Custer bremsen will. Einen Sioux, der den Hang herauf galoppiert. Zeigt zu Crows Nest, von wo aus die Crow die gewaltige Ansammlung feindlicher Indianer ausmachten, runter ins Tal des Little Bighorn, hebt die Schultern. – Ein junger Indianer, der Bleichgesichtern was erklärt.

Innerhalb eines Kreises

Medicine Crow wartet wie verabredet am kleinen Museum, in das er uns erst einmal hinein schickt. Wir sehen uns die Modelle der Schlacht an. Verrostete Waffen, Uniformteile, Habseligkeiten gefallener Kavalleristen, alte Fotografien, Nachbildungen von Soldatengesichtern aus Schädelfunden, Skalps und Kriegskeulen. Obwohl ich alles schon gesehen habe, brauche ich am längsten.

Der achtundachtzigjährige Abkömmling einer berühmten Linie von Crow-Häuptlingen lächelt mir als dem Letzten zu. Er steckt in einer dicken, mit indianischen Symbolen verzierten Jacke, trägt auf dem Kopf einen Hut mit fein geflochtenem Hutband. Ein gleichermaßen traditionell wie unauffällig gekleideter alter Herr, der uns fast freundschaftlich begrüßt hat. Von Connor weiß er, dass ich sein Buch zur Stammesgeschichte der Absarokee gelesen habe. Er führt uns zu einem Tipi am Rande des Schlachtfelds. Drinnen schreibt er mir erstmal seinen Namen ins Buch, ich hatte darum gebeten. Ich sitze neben ihm, den beiden anderen gegenüber. Medicine Crow riecht wie mein Großvater roch. Der Duft von Tabak, Seife, Kleiderschrank. Er erzählt von der Custer-Schlacht wie Opa vom Westwall.

Dabei war er, als Custer fiel, noch gar nicht geboren. Aber er redet, als ob er sein eigener Onkel wäre, White-Man-Runs-Him, der Custer als Scout diente! Er schaut in die Ferne und besinnt sich. Dann verwandelt er sich langsam. Er hört, was ihm hundert Mal erzählt wurde und spricht manchmal in Rollen. Wie der junge Indianer von Absarokee Tours! Die Plane des Tipis knarrt im Wind.

„Die Sioux hatten uns, als wir Custers Truppe verließen, umzingelt", beginnt er und beschreibt mit der Hand einen weiten Kreis, „wir mussten uns durchkämpfen. Nach einer Weile hörten wir Kampflärm von der Furt des Little Bighorn. Im Medicine Tail Coulee stießen wir auf eine belagerte Truppe mit Packtieren. Wir halfen ihnen zu entkommen." Er drückt sein Hörgerät ins Ohr, um besser zwischen der Vergangenheit und unserer Runde vermitteln zu können. „Es ist sehr heiß hier, haben wir gesagt, wir müssen nicht hier sein, hauen wir ab!" Sein Arm zeigt die Fluchtbewegung. „Die Soldaten fragten: Wohin geht ihr? – Wir gehen nach Wasser, haben wir gesagt. – Bringt uns etwas herauf, riefen die Soldaten und streckten uns ihre Tassen hin – aber wir sind abgehauen und haben die Tassen weggeworfen. In einem Tümpel, mit Schilf bedeckt, warteten wir den Rest des Tages ab und hörten die Schießerei. Mehrmals kamen die Sioux nahe vorbei geritten an unserem Versteck. Nachdem das Schießen und das Kriegsgeschrei sich gelegt hatten und es dunkel geworden war, schlichen wir uns in Richtung Rosebud, woher wir gekommen waren, davon. Wir liefen die ganze Nacht durch. Wir hatten keine Pferde. Am Morgen erreichten wir den Rosebud Creek, wuschen uns und ruhten aus. Dann gingen wir nach Norden zu unserem Dorf, wir hatten uns genug herumgetrieben. Curley und unsere anderen zwei Scouts, die bei Reno geblieben waren, erzählten uns später, dass den dreißig Arikaree-Scouts befohlen worden war, die Pferdeherden der Sioux in die Flucht zu jagen. Sie haben das gemacht,

Little Bighorn

und Curley hat ihnen dabei geholfen. Sie sind unter die Pferde gekrochen. Danach sind sie abgehauen zu ihrem Lager im Norden. Bloody Knife war ein Arikaree-Scout, er wurde in den Kopf getroffen, dass sein Gehirn nach allen Seiten verspritzte. Als Withe Swan versuchte abzuhauen, wurde er von den Sioux gefangen. Ihm wurde durch die Hand und den Bauch geschossen und dann wurde er liegengelassen. Jemand hat ihn dann zum Fluss gezogen und schließlich wurde er gerettet. Paint-The-Face-Half-Yellow entkam dagegen unverletzt."

Er schaut uns der Reihe nach an, ob wir's uns auch vorstellen können.

„Es war ein sehr heißer Tag, und die Soldaten, die auf dem Höhenzug festsaßen, wurden durstig, versuchten hinunter zu dem Fluss zu kommen, um Wasser zu holen. Die Sioux hatten eine Truppe von Scharfschützen postiert, die ruhig zusah, wie die Soldaten das Wasser holten. Erst als sie fast wieder oben in ihrer Stellung anlangten, wurde auf

sie geschossen. Manchmal durchlöcherten die Sioux auch nur die Eimer. Aber Paint-The-Face-Half-Yellow hatte starke Medizin gemacht. Er ist hinuntergegangen und die Sioux konnten ihn nicht sehen. Er hat viermal Wasser geholt. Einmal nahm er einen Soldaten mit, und sie haben beide Wasser zurückgebracht. Auch ihn konnten sie nicht sehen. Nachdem die Schlacht vorbei war, bekam dieser Weiße die Ehrenmedaillie des Kongresses, während Paint-The-Face-Half-Yellow keinen Penny bekam. Vor drei Jahren war hier auf dem Schlachtfeld ein Gedenkgottesdienst. Ein alter Sioux sagte, dass sein Großvater einer von den Scharfschützen war. Er war damals erst sechzehn Jahre alt, und man nannte ihn White Boy. Sein Vater war ein Weißer, seine Mutter eine Sioux. Er war ein guter Schütze. Wir waren sechs oder sieben Scharfschützen, hat er erzählt, und wir haben sie mit dem Wasser fast bis hoch kommen lassen, bevor wir zu schießen begannen. Sie haben kein Wasser hinein gebracht. Aber wir konnten nicht jeden Crow sehen!"

Medicine Crow lacht, als ob er's gerade zum ersten Mal gehört hätte.

Wir sitzen lange beisammen, und Frage für Frage arbeiten wir das Interview ab, um das ich ihn noch von Deutschland aus gebeten hatte. Der Heilige Rabe antwortet, indem er immer mal wieder das Hörgerät zurechtdrückt, ausschweifend. Ich ahne, dass ich nur den Bruchteil dessen, was ihm einfällt, werde verwenden können. Als ich ihn zuletzt frage, was er sich als Achtundachtzigjähriger noch wünscht, beginnt er über die Luft zu reden, das Wasser, die Erde, das Feuer. Kommt zur Umweltverschmutzung, der Abholzung, der Klimaerwärmung. „Ich weiß nicht", sagt er und lächelt hilflos, „wie ich euch aufhalten soll!" Und weil ich ihn ebenso hilflos anschaue, die Schultern hebe – was auch könnte ich dazu sagen? – rät er uns. Gesund sollen wir uns halten, es mit Essen und Arbeit, Schlaf und Beischlaf nicht übertreiben. „Lass uns damit aufhören", kommt er plötzlich zum Ende, „ich habe Appetit."

Wir laden ihn zum Essen ein. Im runtergekommenen Lokal der River Crow, in das er uns führt, bestellen wir vier Indian-Tacos mit Kaffee. Ein paar Indianer mit langen Zöpfen und in verdreckten T-Shirts beobachten uns vom Nachbartisch her. Der Heilige Rabe isst, ohne sich von unserem Gespräch ablenken zu lassen. Er nickt ab und zu, das muss genügen. Die Portionen sind reichlich, und nur Connor schafft es aufzuessen. Unser Häuptling winkt der jungen Indianerin am Tresen, lässt sich seinen Rest einpacken. Dann verabschieden wir uns. Er möchte gern eine Kopie von dem Interview, schreibt mir seine Adresse auf. Falls ich im nächsten Jahr wiederkäme, solle ich ihn besuchen in Lodge Grass! Ich verspreche es, begleite ihn zu seinem alten Chrysler. Der Wind, der Regen über den Platz peitscht, reißt mir den Hut vom Kopf und trägt Toms glockenhelles Lachen über unseren Karlmarxstädter Schulhof.

Am nächsten Abend, Tom ist mit Connor und Real Bird

fort geritten, um nach zwei Kälbchen zu suchen, erscheint John mit drei anderen Indianern vor meinem Tipi. Der Zahnarzt wäre zwar noch nicht fertig mit ihm, aber die Wurzel sei schon mal raus. Seine drei Begleiter, zwei baumlange Kerle und ein etwas kleinerer Bursche, lachen mich offen an und ich muss in ihre dargebotenen Hände klatschen, meine hinhalten, dass sie zurück klatschen können. Sie seien vom Red-Star-Clan, sagt John, wollten mich kennenlernen. Ich bitte sie herein, biete ihnen Dosenbier an, das sie gern annehmen. Sie stellen sich vor, drei Brüder um die Vierzig, und der Name des jüngsten, der so groß ist wie ich, lässt mich lächeln: *Coyote*. Auch er grinst, als der Älteste seinen Namen nennt, weiß, wie er aussieht. Wir setzen uns ums Feuer, auf dem ich mir einen Topf Bohnen heiß gemacht habe. Ich halte ihn den Gästen hin, damit sie die Suppe sehen können, frage, ob sie Appetit haben. Sie haben keinen, bedanken sich aber für mein Angebot. Greifen statt dessen jeder nach einem Zigarillo. Ich stelle den Topf beiseite. Sie reden davon, dass ihre Ranch ganz in der Nähe liegt, sie Pferde züchten und sich über einen Besuch freuen würden. Ich stecke einen Ast in die Glut, nehme mir Feuer, reiche ihn weiter. Der Mond in der Rauchklappe wirft einen blassen Lichtkegel auf den festgetretenen Tipiboden. Ich bin hundemüde, starre auf meinen Seesack, einen vornüber gesunkenen Torso, dem eine Unterhose heraushängt. Die vier Indianer, mit denen ich innerhalb eines Kreises im Schneidersitz sitze, nicken mir von Zeit zu Zeit zu, rauchen, und ich lächle zurück. Das Feuer knackt, Funken wirbeln zum Abzug hoch. John hat ihnen erklärt, dass ich über Indianer Bücher schreibe. Ich muss nichts sagen, wenn ich nicht will.

Zweiter Teil

Zeitreise

Das Interview

Unter der Annahme, es sei billiger, die Indianer zu ernähren als zu bekämpfen, unterzeichneten Repräsentanten der USA 1868 in Fort Laramie/Wyoming einen Vertrag mit den nördlichen Plains-Stämmen, denen damit große Gebiete als Reservationen zugeteilt wurden. Die Regierung garantierte, sie „gegen jegliche Übergriffe durch Bürger der Vereinigten Staaten“ zu beschützen, solange der Himmel blau ist, das Gras wächst, usw. Als sechs Jahre später Gold in den Black Hills gefunden wurde und Tausende von Glücksrittern in das Indianerterritorium einbrachen, unternahm die Armee nichts, um die Goldgräber zurückzuhalten. Erfolglos versuchte die Regierung den Sioux und Cheyenne, die sich mit Überfällen gegen den Vertragsbruch wehrten, dazu auch ihre Reservationen verließen, das Land abzukaufen. Im Dezember 1875 befahl der Kommissar für indianische Angelegenheiten den aufgebrachten Indianern, bis Ende Januar 1876 zu ihren Agenturen zurückzukehren. Nachdem die Frist verstrichen war, bekam die Armee Order zur Zwangsdurchführung. Im Mai begann der Feldzug in drei parallelen Expeditionen. Lieutenant Colonel Custer, dem man im Bürgerkrieg den Ehrenrang „Brigadegeneral“ verliehen hatte, sollte mit der 7. Kavallerie die feindlichen Stämme, die man im Tal des Bighorn River vermutete, aufspüren. Seine Truppe bestand aus etwa 600 Männern, die von Scouts der Crow und Arikaree unterstützt wurden – Stämme, die ebenfalls mit den Sioux und Cheyenne verfeindet waren. Als Custer sich dem riesigen Indianerdorf am Little Bighorn näherte, teilte er sein Kontingent in drei Abteilungen, behielt selbst 225 Kavalleristen unter seinem direkten Kommando. Einen Tag später, am 25.6.1876, wurden er und alle seine Männer getötet. Aus den beiden anderen Formationen unter Major Reno und Hauptmann Benteen fielen 47 Offiziere und Soldaten, 52 wurden verwundet: die größte militärische Niederlage der US-Armee bis zu diesem Zeitpunkt.

Im Juni 2001, zum 125-jährigen Jahrestag der Schlacht am Little Bighorn befragte ich Joseph Medicine Crow am Ort des Geschehens zur Rolle der Crow während der Indianerkriege und zur heutigen Situation in den Reservationen. Joseph Medicine Crow, 1913 in Lodge Grass/Montana geboren, wuchs als Abkömmling einer berühmten Linie von Crow-Häuptlingen bei seinem Großvater auf. Als erster Crow-Indianer erwarb Joseph Medicine Crow einen Doktorgrad in Anthropologie und ist heute der offizielle Stammeshistoriker der Crow und Mitglied im Häuptlingsrat des Stammes. Sein Buch „From the Heart of the Crow Country" erschien zuerst 1992 bei Orion Books, New York, und wurde seitdem in verschiedene Sprachen übersetzt.

Vielleicht, Dr. Medicine Crow, überrascht Sie meine erste Frage: Die traditionellen Geschichtenerzähler der Indianer sind ja alle tot, Sie aber konnten Ihr Wissen noch direkt von Großeltern übernehmen, die frei umhergezogen waren. Und Ihr Onkel White-Man-Runs-Him, der lange Zeit in Ihrem Haus wohnte, war General Custers bevorzugter Scout. Was er über die 7. Kavallerie berichtete, wollten viele Wissenschaftler nicht glauben – zum Beispiel dass Whiskey getrunken wurde, bevor man in den Kampf zog. Hatten die Soldaten Angst?

In Ordnung, deine erste Frage. White-Mans-Runs-Him war zu dieser Zeit erst siebzehn Jahre alt, ein groß gewachsener Junge. Selbst im hohen Alter maß er zwei Meter. Custer war streng mit seinen Soldaten, aber seine Crow-Scouts hat er immer gut behandelt. Ich glaube, er verstand, dass sie noch Kinder waren, Jungs von sechzehn, siebzehn Jahren. Er war sehr besorgt um sie. Sie schauten aus nach den Feinden und entdeckten von dort drüben, von diesem Platz, der heute „Ausguck der Crow" heißt und der fünfundzwanzig Kilometer entfernt ist, das Lager, den Rauch und die Pferde der Sioux. Sie ritten zurück und berichteten. Custer ritt ebenfalls zu dem Aussichtspunkt, konnte aber selbst durch sein Fernglas nichts erkennen. Sie sagten ihm, es ist dort drüben! Also entschied er, in diese Richtung zu marschieren. Er schickte Nachricht zurück, dass die Truppen hoch kommen sollten. Sie waren immer noch unten am Rosebud. Sie kamen und ritten los in diese Richtung. Von dem Punkt, Crows Nest, zum Little Bighorn sind es gut zwanzig Kilometer. Es war eine ziemlich lange Strecke. – Er kam runter, am Reno Creek entlang. Im Tal rasteten sie, tränkten dort die Pferde. Die Soldaten aßen Schiffszwieback, als sechs Maultiere, beladen mit je zwei Fässern, heran geführt wurden. Man lud die Fässer ab und stellte sie auf. Die Soldaten kamen mit ihren Kaffeetöpfen und begannen zu trinken. Auch mein Onkel ging mit seinem Topf zu den Fässern und bekam eine gelbe Flüssigkeit, die aussah wie braunes Wasser. Es roch entsetzlich. Ich trank davon, sagte er, und es war ekelhaft. Nach zwei oder drei Schlucken hörte ich auf. Meine Lippen wurden taub und ich hatte Lust, Lieder zu singen. Es war das erste Mal, dass wir Feuerwasser getrunken haben. Die Soldaten wurden verrückt davon. Wir fragten unseren Dolmetscher Mitch Bouyer, wie sie so etwas trinken konnten in dieser Situation.

Mitch Bouyer? Ich kenne ein Foto. Er sieht wie ein Métis aus.

Mitch Bouyer, ja. Er war halb Sioux, halb Weißer, Franzose. Er war mit einer Crow verheiratet und hatte zwei, drei Kinder mit ihr. Er wolle die Soldaten tapfer machen, sagte er. Sie waren tapfer verrückt. So. Sie tranken. In Ordnung. Alle diese Schriftsteller, diese Biographen von Custer, sagen nicht, dass Custer getrunken hat. Sie leugnen es. Sie behaupten, dass er niemals im Dienst getrunken hat. Als mein Onkel White-Man-Runs-Him damals zu meinem Vater auf Besuch kam, sagte er, wir haben getrunken, wir haben getrunken. – Es gibt keinen Zweifel daran! – Ein anderer Scout namens Curley, er war der Jüngste, 16 Jahre alt, erzählte seinem Enkel George, meinem Freund, dass Custer ihn mit einem Zettel zur letzten Gruppe zurück schickte, als sich der Zug dem „Ausguck der Crow" näherte. Er nahm den Zettel und ritt an mehreren Kompanien vorbei und hielt bei der Tragtierkolonne am Schluss. Die Maultiere trugen Fässer an beiden Seiten, und die Soldaten tranken. Sie boten auch mir davon an, sagte er, aber ich wollte nicht. Ähnliches berichtete ein anderer Scout seinem Enkel. Die Witwe eines weiteren Crow-Scouts, Goes Ahead, erzählte, dass ihr Mann bei einer Rast gesehen habe, wie Custer aus seiner Satteltasche eine Korbflasche zog und mit einem anderen Offizier Feuerwasser trank. Also hatte auch er eine Flasche mit sich. Und keiner von allen diesen Schriftstellern gibt zu, dass sie getrunken haben. Nun der vierte Beweis, ein Freund von mir namens Tom Piggott, er ist schon lange Zeit tot. Sein Vater war Richard Piggott, ein Weißer. Er war ein Händler in Fort Benton. Man sagte ihm, er solle seinen Sechs- oder Achtspänner mit Wiskey-Fässern beladen. Die ganze Fuhre kam dann den weiten Weg bis hierher in Custers Lager – die hatten viel zu trinken da, viel Alkohol. Aber es wird geleugnet. Sie aßen Schiffszwieback, rohen Schinkenspeck und dazu tranken sie Schnaps.

Wann haben sich die Crow-Scouts, die einzigen Überlebenden von Custers Truppe, abgesetzt?

Custer schickte Benteen nach Süden, den Fluss entlang, um die Indianer aufzuhalten, falls sie in diese Richtung fliehen würden. Reno sollte geradeaus am Fluss vorrücken und angreifen. Custer hatte das Lager noch nicht gesehen, aber es war dort. Ich werde vom Norden kommen und sie schlagen, sagte er. Das war der Plan, also trennten wir uns dort. Drei unserer Scouts gingen mit Reno, drei mit Custer.

Und unter diesen, die mit Custer zogen, war Ihr Onkel?

Ja. Goes Ahead, Hairy Moccasin und White-Man-Runs-Him. Wir kamen hinunter nach Cedar Coulee, sagte mein Onkel. Wir hielten, und Custer schickte mich aus, über den Hügel, um in das Tal zu spähen. Ich sprang auf mein Pferd und ritt hoch. Ich schaute auf das größte Lager, das ich je gesehen habe! Es streckte sich weit da hinunter. Es war riesig. Ich ritt zurück und berichtete es Custer. Wir ritten zusammen hoch, und zum ersten Mal sah er nun, was da war. Er starrte darauf, und sein Gesicht wurde blasser denn je. Er hat nichts gesagt. Bei unserer Rückkehr zog Goes Ahead seine zerfetzte Uniform aus und legte seine indianische Kampfausrüstung an. Custer schaute ihn an und fragte, was macht der? – Der Dolmetscher sagte zu Goes Ahead, er will wissen, was du machst. – Sag ihm, sagte Goes Ahead, dass wir in kurzer Zeit getötet werden. Er wird eingehen in die glücklichen Jagdgründe der weißen Männer wie ein Soldat. Über eine Abkürzung. Ich werde in die ewigen Jagdgründe gehen als ein Crow-Krieger. Ich werde nicht des weißen Mannes Kleider tragen. Und Custer antwortete: In Ordnung, sag ihm, ich habe sie angeworben, damit sie mich zum Lager bringen. Sie haben das gemacht und können jetzt gehen. Und Mitch Bouyer sagte zu Goes Ahead, Junge, du hast Glück, er lässt dich gehen jetzt. Hau ab, wir werden in Kürze getötet werden. Ich werde auch sterben. Ich habe unterschrieben, ich kann nicht gehen. Wenn du heimkehrst, sage meinem Freund Thomas La Fourge, dass er sich um meine Frau Magpie Outside und die Kinder kümmern soll. Ich werde getötet, waren seine letzten Worte zu mir. Dann sind wir abgehauen.

War Custer tatsächlich blind vor Ehrgeiz oder ist das nur ein Stempel, der ihm verpasst wurde, um die Niederlage zu erklären? Wie sahen ihn die Scouts?

Custer war ein strenger Mann, aber er war freundlich zu den jungen Crow. Er hat ihnen Rat gegeben, mehrmals. Und sie haben ihn beraten, da oben, in Crows Nest. Sie haben ihm gesagt, dass er warten sollte, bis die Truppen von Terry und Gibbon auftauchten, die in der Nähe waren, aber er hörte nicht zu, er wollte weitergehen. – Dafür haben sie ihn als tapferen Mann betrachtet. Sie haben ihn nicht ungern gehabt und ihn nicht verachtet. Er hat nicht zugehört, als sie ihm ihren letzten Rat gegeben haben. Die verschiedenen Zeitungen, die ihn als Ruhmjäger usw. bezeichnet haben – das ist die Sprache der Weißen. Weiße Schriftsteller haben das gesagt, nicht die Indianer. Die Sioux hassen ihn auch nicht. Sie haben sogar Verständnis für ihn. Die Cheyenne haben Gründe, ihn nicht zu mögen, nachdem er viele von ihnen in Oklahoma massakriert hatte. Als Kämpfer, als tapferen Gegner aber haben sie ihn geachtet. Sie empfanden, dass er eher wie ein Indianer als wie ein Weißer gekämpft hat. Er kämpfte auch, wenn es klar war, dass er nicht gewinnen konnte. Dass er am Little Bighorn mit dabei war, wussten die Cheyenne nicht. Hinterher haben sie erfahren, dass er getötet wurde. Sie haben ihn „Gelbhaar" genannt. Wir nannten ihn „Sohn des Morgensterns", das ist ein ehrenhafter Name. Die Venus ist wirklich hell früh am Morgen, wie du weißt, sichtbar und leuchtend. Wir haben ihn danach benannt. Er war tapfer, und „Sohn des Morgensterns“ ist ein Crow-Name.

Viele in Europa haben Sympathie für den Freiheitskampf der Teton-Lakota, der Cheyenne, also Ihrer traditionellen Feinde von damals, und fragen sich, warum die Crow der US-Armee halfen. War es eine pragmatische Entscheidung, weil Ihr Volk mit allen benachbarten Stämmen im Krieg lag?

Das ist eine interessante Frage. Ich gebe dir eine interessante Antwort. Im Jahr 1825 hat die US-Regierung eine Delegation den Missouri hoch geschickt, die Frieden schließen sollte mit den verschiedenen Stämmen. Das war nicht lange nach der Rückkehr von Lewis und Clark in den Osten. Zu jenem Zeitpunkt, als die Kommission kam, war eine Gruppe von Mountain-Crows bei ihren Verwandten am Fluss. Ebenfalls war eine Gruppe von Hidatsa gekommen, die die gleiche Sprache sprechen wie wir. Sie gehörten zum gleichen Stamm, lebten aber getrennt von uns. Sie waren zu Besuch. Es wurde ein Freundschaftsvertrag mit der US-Regierung geschlossen. Beide Seiten vereinbarten, dass, wenn eine Nation in Schwierigkeiten wäre, die andere ihr zu Hilfe käme. Und das haben wir für wahr genommen. Der Grund für diesen Teil des Vertrages war, dass zu dem Zeitpunkt die Briten, die Hudson's Bay Company, versuchten in die Vereinigten Staaten einzudringen. Und die US-Regierung hat gesagt, wenn wir Schwierigkeiten haben, werdet ihr uns helfen, und wenn ihr Schwierigkeiten habt, werden wir euch helfen. Das war's. Wir haben einen Vertrag gemacht, und die Crow haben ihn nie gebrochen. Wenn wir einen Vertrag machen, ist das immer heilig. Die Crow waren immer mit allen Weißen freundlich. Wenn die Händler dann aufgetaucht sind bei den anderen Stämmen und sie Ärger kriegten, sind sie zu uns geflohen, ins Crow-

Land, wo sie sicher waren. Dann haben sie bei uns das Fort C. F. Smith gebaut, und als die Sioux kamen, um dieses Fort zu belagern, haben die Crow sie davon gejagt. Wir waren immer dabei, den Weißen zu helfen. Das ist das eine. Die Verpflichtung war da.

Und deshalb unterstützten Sie die Weißen?

Als Crook Repräsentanten schickte, um die Crow zu rekrutieren, sagten wir ihnen, na ja, wir haben unsere eigenen Probleme mit den Sioux, wir können unser Lager nicht allein lassen. Der oberste Offizier sagte, ihr habt im Vertrag von 1825 versprochen, uns zu helfen, ihr müsst das jetzt tun. Und da haben wir gesagt okay, wir machen das. Der Rat der Häuptlinge erkor meinen Großvater Medicine Crow, um 176 Krieger zu Crook nach Wyoming zu bringen. Das waren keine einfachen Scouts, diese waren Krieger. Es waren 176 Spitzenkrieger der Crow, Feinde der Sioux. Häuptling Washaki brachte 90 Shoshone-Krieger. Insgesamt waren 400 indianische Krieger am Rosebud an der Seite der Soldaten. Sie wurden immer eingesetzt, nicht bloß als Scouts. Der Grund für unsere Teilnahme war Selbstschutz. Nutzen wir diese Weißen aus, sagten wir uns, um uns selbst zu schützen. Wir wussten nicht, dass wir dadurch selbst geschlagen würden. (lacht bitter)

Wie ist heute das Verhältnis zu den Cheyenne, Arapaho und Lakota?

Die beschimpfen uns immer noch. Sie sagen, ihr seid zu nichts gut. Ihr habt den Weißen geholfen. Ihr seid Indianer, ihr solltet uns helfen. Sie haben vergessen, dass sie versucht haben, uns auszurotten. Zweimal haben die Sioux und Cheyenne sich zusammengetan, um uns auszumerzen, aber sie waren nicht erfolgreich.

1865 führte Patrick E. Connor die „Powder River Expedition" in dieses Gebiet. Sie war ein Teil des groß angelegten Militärprogramms, mit dem die Indianer nördlich des Platte-Flusses unter Kontrolle gebracht und ihre Verheerungen entlang der Wege nach Westen gestoppt werden sollten.
An dieser Stelle entdeckte Connors Truppe eine große Gruppe Arapaho, geführt von Black Bear und Old David, und griff sie an, wobei sie 250 Hütten zerstörte. Die meisten Kämpfe wurden Mann gegen Mann geführt und viele Frauen und Kinder wurden getötet oder gefangen genommen. Spätere Ereignisse zeigten, dass dieser Feldzug von 1865 nicht entscheidend war.

(Tafel bei Dayton/Wyoming am Fuße der Bighorn Mountains: Darstellung eines Massakers aus amerikanischer Sicht; heute Campingplatz am Ort des Gemetzels.)

Dieses Schild ist dem Größten der Sioux-Krieger gewidmet – HÄUPTLING CRAZY HORSE – hellhaarig, hellhäutig, grauäugig, er war bescheiden, höflich, großzügig, von kräftiger Statur und bekannt für seine Selbstzucht. (...) Er beteiligte sich nie an den zahlreichen Massakern auf den Siedlerwegen, sondern war ein ausgezeichneter Führer in fast jedem offenen Kampf. „Hört mal", sagte Crazy Horse, „man kann nicht den Boden verkaufen, auf dem man steht." Er unterzeichnete nie einen Friedensvertrag – seine Loyalität gegenüber seinem Volk führte die Armee dazu, ihn durch eine List zu Tode zu bringen. Crazy Horse vertrat die kämpfenden Sioux von 1870 bis 1877. – Er wurde nie fotografiert. – Das unmarkierte Grab dieses berühmten Kriegshäuptlings liegt 14 Meilen nordwestlich von diesem Schild auf einem Hügel in der Gabelung von White Horse Creek und Wounded Knee Creek, sagen Batise Pourier und Jack Russel. Ben Black Elk sagt, Crazy Horse wurde begraben auf den Felsen östlich von Wounded Knee Creek von seiner Mutter, die die Gruppe ernährte, als sie mit Felix Bald Eagle lebte. Ben Irving sagt, dass der 80-jährige Sleeping Bear ihm 1905 die Grabstätte von Crazy Horse in einem Felsen neben White Horse Creek 4 Meilen

südlich von Manderson zeigte. Ein Armeebericht von 1877: „Die Leiche des Häuptlings Crazy Horse wurde den Feindseligen weggenommen." Beim Lager Red Clouds in der Nähe der Mündung von Wounded Knee Creek wurde sie seinen Eltern gegeben, die mit ihr auf einem Travois ins Ödland verschwanden. Sie waren die ganze Nacht durch weg und kehrten erst am nächsten Mittag zurück. Diese Eintagesreise bezeichnet das Grabgebiet. Häuptling Crazy Horse wurde während seiner Kindheit „Lockenkopf" oder der „Hellhaarige" genannt. (...) Seine unübertroffenen Fertigkeiten als Reiter, seine furchtlosen Ritte allein in die Kugel- und Pfeilfeuer hinein bis zu den Positionen des Feindes, sein Töten der feindlichen Krieger und seine unversehrte Rückkehr zu seiner eigenen Kampfbande verschaffte ihm den Namen Crazy Horse. – Kriegshäuptling Crazy Horse war Oglala Sioux. In seiner Familie hatte es seit langem Heilige Männer gegeben. Sein Vater, der auch Crazy Horse hieß, war ein Oglala Sioux – er wurde als „WORM" bekannt, nachdem der junge Krieger seinen Namen bekommen hatte. Seine Mutter, eine Schwester des Häuptlings Spotted Tail, war Brulé Sioux. Seit seiner Jugendzeit hatte Crazy Horse zwei unzertrennliche Kriegerfreunde, Lone Bear, der 1866 im Fetterman-Massaker getötet wurde, und Hump, Lehrer und Leibwächter von Crazy Horse, der 1873 während des Überfalls der Oglala auf die Shoshone getötet wurde. Aus Verzweiflung lief Crazy Horse unter die Shoshone und trieb sie in die Flucht mit seiner Reitpeitsche. Seit dieser Stunde, sagten seine Freunde, suchte Crazy Horse den Tod. Er hatte die abergläubische Vorstellung, nie von einer Kugel getötet zu werden. Er trug einen kleinen blauen Stein hinter dem Ohr und war Mitglied der Gesellschaften Starke Herzen und Tokala. – Crazy Horse kämpfte in allen wichtigen Schlachten von Red Cloud im Jahre 1866, dem „Blutigen Jahr auf den Plains". Er wurde in viele Überfallbanden und Kriegsunternehmungen einbezogen. – Seine Anwesenheit brachte Erfolg wegen seiner absoluten Kontrolle über die wildesten Krieger unter seinem Kommando.

(In der Oglala-Sioux-Reservation aufgestellte Erinnerungstafel an Crazy Horse – Text zum Teil beschädigt.)

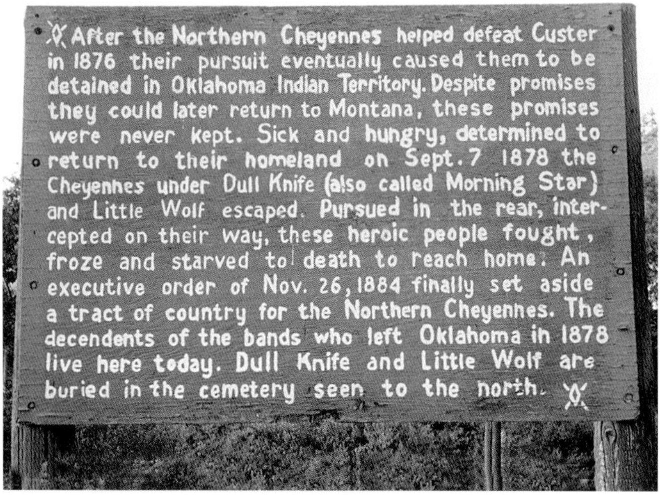

Nachdem die Nord-Cheyenne 1876 zu Custers Niederlage beigetragen hatten, führte ihre Verfolgung schließlich dazu, dass sie in dem Indianer-Territorium von Oklahoma festgesetzt wurden. Trotz der Versprechen, sie dürften später nach Montana zurückkehren, sind diese Versprechen nie eingelöst worden. Krank und ausgehungert, entschlossen in ihre Heimat zurückzukehren, entflohen die Cheyenne, geführt von Dull Knife (auch Morning Star genannt) und Little Wolf, am 7. September 1878. Eingeholt von ihren Verfolgern kämpften diese heldenhaften Menschen, bis sie, heimzukehren bestrebt, an Frost und Hunger starben. Durch eine Anordnung vom 26. November 1884 wurde den Nord-Cheyenne letztlich ein Landstrich überlassen. Die Nachkommen der Banden, die Oklahoma 1878 verlassen haben, leben heute hier. Dull Knife und Little Wolf liegen auf dem Friedhof begraben, der nach Norden hin zu sehen ist.

(Tafel auf der Reservation der Nord-Cheyenne, unweit von Little Bighorn.)

In meiner Heimatstadt wurde Karl May geboren, man bezeichnet ihn als Indianerschriftsteller. Kennen Sie ihn?

Karl May hat Bücher von amerikanischen Schriftstellern gelesen und versucht, von ihnen zu lernen. Er hat es nicht direkt bekommen wie du gerade, er hat Bücher gelesen. Trotzdem hat er das Interesse der Leute an den Indianern geweckt. Einiges in seinen Büchern ist gut, anderes voller Fehler.

In Ihrem Buch preisen Sie das Land der Crow als das beste weit und breit. Ich muss Ihnen Recht geben. Andere Stämme bekamen kleinere und weniger gute Gebiete als Reservationen zugewiesen. Ist das ein Dank für die Hilfe der Crow in den Indianerkriegen?

Die Weißen haben uns dieses Land nicht gegeben, wir haben es behalten. (lächelt)

Wie steht es um die Gesundheit der Crow?

Als ich ein Kind war, gab es viele, viele alte Männer und Frauen, die neunzig, hundert Jahre alt waren. Aber das Leben auf der Reservation hat uns krank gemacht. Schlechte Nahrung, manchmal gar keine. Alle diese seltsamen Krankheiten kamen auf, hauptsächlich Tuberkulose. Eine Pockenepidemie in den 1840er Jahren verringerte die Zahl der Crow von mehr als achttausend auf weniger als tausend. Heute bekommen wir moderne Krankheiten wie Diabetes. Fast alle haben Diabetes. Ich bin in der dritten Generation ein Reservationsindianer. Angefangen hat es mit allen möglichen Arten von Müllessen und Fastfood. Ich vermute, dass das zu tun hat mit der Entwicklung von Krankheiten wie Diabetes und so weiter. Ich denke, das Problem sind die Nahrungsmittel. Auch Krebs merzt uns aus. Überall gibt es Krebs. Dazu die vielen Verkehrsunfälle.

In manchen Sioux-Reservationen ist die Lebenserwartung heute zum Teil bei unter 40 Jahren, wie ist es hier?

Nicht ganz so schlimm – durchschnittlich um die Fünfzig. Das Problem ist überall das Gleiche, nicht nur im Westen, sondern auch in Florida unter den Seminolen. In Alaska und Kalifornien und Maine. Alle haben dasselbe Problem – Feuerwasser. Der Sheriff sagt Dooping. Als ich ein junger Mann war, bin auch ich doopen gegangen, aber dann wurde die Reservation zur trockenen Reservation, zum alkoholfreien Gebiet. Dennoch gab es immer Alkohol, Schmuggler verkauften illegal. Hauptsächlich wird starker Wein getrunken. Und das schnell, bevor die Polizei ankommt. Und es gibt alle möglichen Arten von Polizisten, von der Stadtpolizei bis zur Countypolizei und der Indianerpolizei. Die jungen Leute dürfen jetzt trinken, aber sie behalten die alten Gewohnheiten, besaufen sich wie die Alten, obwohl sie es jetzt dürfen. Und dann gab es immer Generäle, die versucht haben, die Indianer zu töten. Früher hießen sie General Custer oder General Sherman, heute General Motors. (lacht)

Und die medizinische Versorgung?

Das Krankenhaus ist gut, alle Ausrüstungen werden vom Staat bezahlt. Allerdings ist das Problem, dass sie uns nur junge Ärzte schicken, und die üben dann an uns. Das ist unsere Beschwerde. Eine andere Sache ist, wir bekommen in der Reservation vielleicht eine bessere medizinische Versorgung als die allgemeine amerikanische Bevölkerung. Vierzig Prozent aller Amerikaner sind nicht versichert, und wir brauchen keine Versicherung. Solange wir in der Reservation sind, zahlt der Staat dafür. Wenn wir nicht in der Reservation wohnen, können wir es uns nicht leisten, uns zu versichern. Ich bekomme meine Medizin kostenlos, aber man muss auf die jungen Ärzte aufpassen.

Wie beurteilen Sie Ihre Schulen?

Die ersten Schulen wurden von den Katholiken aufgemacht, die manchmal vom Stamm selbst gerufen wurden. Das war Ende des 19. Jahrhunderts. Es gab aber auch andere christliche Schulen, z.B. von den Baptisten. Alle waren aber sehr streng, erlaubten nicht, dass die Kinder zu Indianerfesten gingen. Sie wollten sofort die Indianer in Weiße verwandeln und arbeiteten dabei eng mit der Regierung zusammen, die genau dasselbe gemacht hat. Und wenn wir uns dagegen wehrten, kamen wir in viele Schwierigkeiten. Wir wurden in unserer kulturellen Identität verwirrt. Die Regierung hat dann in den 1890er Jahren Internate gegründet, und alle Kinder ab 5 Jahre sollten dahin gehen. Wenn die Eltern ihre Kinder nicht zur Schule gehen ließen, wurde Polizei vorbeigeschickt, um die Kinder zu holen. Und die Kinder wurden schlecht behandelt. Schlechtes Essen, Marschieren wie beim Militär. Sie wurden missbraucht, viele sind durch die schlechte Behandlung gestorben, und nicht nur durch Selbstmord. 1929 wurden diese Internate abgeschafft. Der Stamm der Northern Cheyenne vereinbarte mit der Regierung, dass die Kinder zu einer normalen öffentlichen Schule gehen können. Die Crow traten dem Staat von Montana Land ab, dessen Erträge der Staat für neue Schulen verwenden sollte. Ich selbst bin erst in eine baptistische Schule gegangen, dann zur öffentlichen. Die meisten gehen heute zu öffentlichen Schulen. Es gibt auch einige Internate in Kalifornien, in Oklahoma. Im letzten Jahr sind 300 Crow-Indianer zu weißen Hochschulen gegangen. Das ist ziemlich gut. In der Reservation haben wir nur eine Hochschule, die Einführungskurse gibt, ein Grundstudium. Das eigentliche Studium muss dann außerhalb der Reservation erfolgen. Es gibt bestimmte Angelegenheiten, die durch Verträge verankert sind, zum Beispiel die Bildung, dass wir Schulen haben sollen, Colleges usw.,

Klassenzimmer in einer der von Jesuiten geführten Indianerschulen vom Anfang des 20. Jahrhunderts – „Viele der Kinder starben durch schlechte Behandlung."

In einer Reservationsschule erklärt Oglala-Politiker Little Finger den Vernichtungsfeldzug der USA gegen die Sioux anhand von Karten und Dokumenten

und über das Gesundheitssystem, aber man muss immer wieder die Regierung daran erinnern, dass sie einen Vertrag unterschrieben hat. Dreimal schon. Es sind drei verschiedene Verträge, die gewisse Sachen regeln. Die Regierung neigt dazu, das zu vergessen. Das ist nicht ein spezielles Crow-Problem, in anderen Reservationen ist es ähnlich.

Wenn ich es richtig verstehe, bekommen Sie Sachleistungen, aber kein Geld?

Die Leute denken immer, die Regierung sagt, Indianer, hier ist ein bisschen Geld, aber so ist es nicht. Wir müssten es wirklich nach den Regelungen der Verträge bekommen. Aber die geben uns kein Bargeld. Wir haben unsere eigenen Gelder durch die Verpachtung unseres Landes. Zum Beispiel verpachten wir Weideland an Rancher. Wenn sie bei uns abholzen, bekommen wir auch Geld. Wir bekommen Geld vom Kohleabbau. Auch für Landabtretungen im Zusammenhang mit dem Bau des Yellowtail-Dammes haben wir 1958 eine Summe von 2,5 Millionen Dollar bekommen. Auf diese Weise bekommen wir Finanzmittel, aber es ist nicht so, dass die Regierung uns die ganze Zeit Geld gibt.

Haben Sie Forderungen an die US Administration? Die Lakota zum Beispiel fordern die Black Hills zurück?

Ursprünglich gehörten die Black Hills den Sioux, ihre Forderung ist berechtigt.

Und die Crow?

Na, lass uns sehen... Über unsere Ostgrenze gibt es Streit. Nach dem Vertrag sollte sie am 103. Grad westlicher Länge sein. Die Landvermesser der Regierung haben aber einen

Fehler gemacht. Unsere Grenze verläuft über zirka 400 Meter zu weit westlich. Wir haben ziemlich viel Land verloren, fast 250 Quadratkilometer. Wir haben das herausgefunden, und wir streiten uns darüber mit der Regierung. Die Regierung hat unser Land weggenommen und es den Ranchern und Siedlern und auch den Cheyenne gegeben. Wir haben dadurch viel Geld verloren, es gibt eine Menge Steinkohle da. Viel Steinkohle, Holz und so fort. Schließlich hat der Kongress ein Gesetz verabschiedet und man versucht etwas auszuarbeiten. Wir sollen die Ländereien, die wir für die Schulen abgetreten haben, zurückbekommen. Das verlangen wir. Wir haben die Nutzrechte für dieses Land lange eingebüßt.

Ist die indianische Bürgerrechtsbewegung American Indian Movement in der Crow-Agentur von Bedeutung?

Als sie Anfang der fünfziger Jahre begann, sind einige junge Crow ihr beigetreten. Aktivisten von A.I.M. marschierten den ganzen Weg von Portland nach Washington D. C. Als sie hier durchgekommen sind, haben sich vier oder fünf junge Crow angeschlossen. Sie haben sich engagiert, wurden militant. Aber schließlich sind sie ausgetreten und haben es mehr oder weniger vergessen. Inzwischen hat sich auch die Bewegung verlangsamt. Sie sind nicht mehr so militant, wie sie mal waren. Sie pflegten rumzufahren und Mist zu bauen. Russel Meens kam kürzlich hierher und fing Streit mit dem Parkservice der Nationalen Gedenkstätte hier am Little Bighorn an. Er ging diese Straße hoch zum Medicine Tail Coulee, der die beiden Schlachtfelder, das Custerschlachtfeld und das Renoschlachtfeld, trennt. Das Gebiet dort ist indianisches Privatland. Aber der Parkservice muss da durch, muss diese Straße benutzen, wofür es ein Wegerecht gibt. Russel Meens ist da hoch gegangen und hat seinen Sonnentanz mitten auf der Straße aufgeführt. Er hat den Verkehr für fünf Tage lahm gelegt, während er seinen Sonnentanz machte. Er ist hierher gekommen, hat die Leute ein bisschen schikaniert. Okay. Aber auch er ist viel gemäßigter geworden. Sie werden alt. Einige von ihnen sind schon gestorben.

Versuchen die Lehrer, den Jugendlichen indianische Kultur zurückzubringen?

Ich bin einer davon. Älteste nennen sie uns. Wir sind aufgezogen worden auf dem sogenannten indianischen Weg – indianische Tänze, Zeremonien, Glauben, Religion, Respekt vor Mutter Erde, Vater Himmel, für die Natur. Wir halten immer noch durch, lassen uns nicht unterkriegen. Wir wurden so erzogen und sind ein Teil davon. Und wir versuchen es weiterzugeben an unsere jüngeren Leute. Aber es ist schwierig. Es gibt zu viele Ablenkungen. Das Fernsehen allen voran. Sie schauen fern, springen in ihre schnellen Autos, gehen in die Kneipe und fangen an zu saufen. Sie gehen in die andere Richtung, aber wir halten durch. Einige von ihnen kehren zurück, unterstützen uns. Also geben wir nicht auf. Als ich 1947 aus dem Weltkrieg zurückkam, hatten die Indianer hier in diesem Gebiet, und ich glaube auch in den anderen Reservationen, ihre indianische Kultur fast verloren. Sie hatten das Singen aufgegeben und das Tanzen. Sie hatten das Kleidermachen aufgegeben und all das. Mit einigen anderen, die dasselbe wie ich fühlten, tat ich mich zusammen. Wir fingen wieder an zu tanzen und organisierten eine erste Tanzgruppe. Stellten Kostüme zusammen und brachten auch Junge dazu, zu singen. Wir gründeten weitere Tanzklubs und zogen durch verschiedene Orte, um allen zu zeigen, wie man tanzt. Viele haben sich angeschlossen, und bald gab es überall auf der Crow-Reservation wieder Sänger und Tänzer. Und die sind zu anderen Reservationen gegangen, wo sie auch aufge-

geben hatten. Sie konnten nicht mehr singen, kleideten sich nicht mehr traditionell. Wir sind dahin gegangen, um ihnen zu helfen. Jetzt sind sie gute Sänger. Sie tanzen gern, veranstalten große Powwows. Dasselbe in der Wind River Reservation. Wir haben dort die Wiederbelebung der indianischen Kultur ausweiten können und sie ist zu etwas Großem geworden. 1952 begannen wir in Sheridan/Wyoming mit einem Programm, das wir All American Indian Days nannten. Eine Tradition von damals ist die Wahl der Miss American Indian. Wir haben Mädchen, die aus ganz Amerika kommen. Sie müssen gute Kostüme tragen, lernen, wie man singt und tanzt. Wir, die Crow, haben das angefangen, ich war der Zeremonienmeister. Wenn zum Beispiel einige von den Sioux dahin kamen, fragte ich sie, ob sie auch etwas organisieren könnten...
Die Sache weitete sich aus. Die Arapaho in Wyoming sagten, wir machen auch etwas Ähnliches und sie machen es noch immer. Auch die Blackfeet bei Browning, die nennen das Nordamerikanische Indianertage. Überall in Amerika gibt es heute diese zeremoniellen Tanztage, die Powwows. Sie sind ein Weg, wie wir Indianer einen Teil unserer verlorenen Kultur zurückholen können. Es sah einst so aus, als ob wir einfach aufgehen würden in der Gesellschaft. Aber es ist nicht passiert.

Welche Rolle spielt bei alledem die englische Sprache, wird sie zum Hemmnis?

Aus meiner persönlichen Erfahrung glaube ich nicht, dass die englische Sprache unsere Kultur bedroht. Am Anfang sprach ich nur crow, in der dritten oder vierten Klasse begann ich erst englisch zu sprechen, zu lesen und zu schreiben. Heute kann ich beide Sprachen sprechen, ohne mich dadurch verwirrt zu fühlen. Sogar in meinen Träumen spreche ich englisch und in unserer Sprache. Und als ich nach dem Krieg in Deutschland war, habe ich grob deutsch gesprochen. Besonders mit den Mädchen. (lacht) Wir haben einige Jugendliche, die ihre Muttersprache nicht mehr benutzen wollen. Sie schauen fern, und wenn sie in die Schule gehen, lernen sie englisch. Auf diese Weise verlieren wir viele von unseren Kindern. Aber es ist wichtig, die Stammessprache der Crow zu erhalten, nur so kann man bestimmte Sachen in der Stammesentwicklung erklären, philosophische Werte. Dennoch kann ein Kerl zweisprachig aufwachsen und damit gut durchkommen.

Ihre Großmutter wurde 105 Jahre alt, Ihr Onkel überlebte Custers Truppe um viele Jahrzehnte. Sie sind achtundachtzig. Kann ich etwas lernen?

Das musst du selbst wissen. Meine Großmutter starb mit 105 und meine Urgroßmutter mit 117 Jahren. Meine Mutter war 100. Meine Großmutter war nie krank. Ich will gehen, sagte sie vor ihrem Ende, und meine Leute sehen. Bringt mich ins Krankenhaus, ich will nicht im Haus sterben. Eine ihrer Töchter brachte sie hin. Sie saß ein paar Tage herum, dann schlief sie einfach ein. – Mein Rat wäre, ein gutes reines Leben zu führen. Geistig, als Indianer, will ich vier Sachen respektieren: Die Erde, die wir Mutter Erde nennen, woher wir stammen. Unsere menschliche Mutter zieht uns auf, und dann geht sie weiter. Zu Mutter Erde kehren wir zurück. Wir haben immer Respekt vor unserer Mutter, halten sie rein. Das nächste ist das Wasser. Wasser ist gut zum Trinken, wenn es heiß ist, zum Kochen. Gut für Obst, Gras. Wasser ist gut. Wir dürfen es nicht verschmutzen. Die Luft. Sie ist ein Teil vom Leben. Geht in die Lungen, kommt als Sprache heraus. Benutze gute Wörter, keine Lügen. Das vierte ist das Feuer. Man kocht mit ihm, und es wärmt. Benutze es in der richtigen Weise. Wenn du das nicht machst, wird es dich verletzen. Wenn du das Wasser

Manche Powwows sind auch indianische Familienfeste: ein Pferd wird verlost

Zusammenkunft des Motah-Klans der Comanche - Geschenke werden verteilt

Kriegertradition: Fahnen der Regimenter, in denen Powwow-Teilnehmer dienten

Warten am Rande des heiligen Tanzplatzes auf den Beginn des Adlertanzes

missbrauchst, wird es dich verletzen. Wenn du die Luft mißbrauchst, wird sie dich auch verletzen. So ist es. Versuche zu diesen vier Sachen zu halten, dann bleiben dein Geist, deine Seele gesund und du gehst einen guten Weg. Mein Bruder, der Weiße, der aus Europa kommt, bringt uns durcheinander hier. Pflügt unser Land, gräbt Kohle aus, sprüht Gift auf das Getreide, dass die Vögel davon sterben. Die Weißen bringen unser Land aus seiner Ordnung, verschmutzen die Luft. Geh nach Billings, es ist absolut schrecklich, oder nach L.A. oder nach New York City. Ähnlich ist es in Deutschland. Und die Wissenschaftler diagnostizieren die Luft da oben als voll mit Müll. Und dann die Flugzeuge. Das Land vertrocknet bei allem Abholzen. Letztes Jahr sprach ich in New York mit einigen Eskimos aus dem Norden von Neufundland. Die sagten, es gab einen Berg da oben bei ihnen, der nur aus Eis bestand. Früher bildeten sich im Frühling kleine Bäche an ihm, heute sind es Flüsse. Das ist schlecht. Ich weiß nicht, was passieren wird, wenn es so weitergeht. Bei der UNO habe ich mit Indianern aus Amazonien gesprochen. Die sagten, diese Weißen holzen unsere Bäume ab, jagen uns von unserem Land, erschießen uns. Es ist schrecklich.

Nächtliches Powwow

Ich habe keine Ahnung, wie wir es aufhalten können. – Dieses Land gehört nicht mir, ich gehöre ihm. Aber der Weiße sagt, diese hundertsechzig Hektar gehören mir. Ich kann mich darauf ansiedeln, kann eine Hypothek aufnehmen, ich kann alles, was ich will, damit machen, es ist mein Land. Also macht es jeder. Das ist alles.

Ein Protokoll

Diese Geschichte des White-Man-Runs-Him wurde, wie auch die Darstellungen zweier anderer Crow-Kundschafter, 1919 als Ergebnis eines Verhörs von Oberst Tim McCoy, einem Spezialisten für indianische Zeichensprache, aufgeschrieben. Er erläuterte seine Methode so: „Ich notierte diese drei Geschichten als einen fließenden Text, basierend auf der Befragung der Indianer. Die Irrtümer in Zeit usw. haben sie genauso vorgetragen – so auch die Beschreibung von Custer seitens der Crow. Die Zeit spielte, wie ich meine, ihrem Gedächtnis einen Streich."

Ich bin ein alter Mann und mein Geist muss bald diese Erde verlassen, um sich mit den Geistern meiner Väter zu vereinen. Deshalb will ich nur die Wahrheit sagen, wenn ich erzähle, was ich von der Schlacht am Little Big Horn, wo General Custer getötet wurde, weiß. Curley, der mit uns war, wird Ihnen bestätigen, dass ich nicht lüge.
Die Kundschafter bei General Custer waren alle Crows oder Arikaras. Der Kommandant der Kundschafter war Mitch Boyer – ein Sioux-Mischling. Die Kundschafter der Crow waren Half Yellow Face, White Swan, Goes Ahead, Hairy Mokassin und ich – White-Man-Runs-Him.
Am 24. Juni befand sich unser Lager gleich unterhalb von Busby, und Hairy Mocassin, Goes Ahead und ich nahmen ein paar Armeepferde und ritten zu einer Anhöhe an der Wasserscheide zwischen Rosebud und Little Horn. Die Crow benutzten diesen Ort in Kriegszeiten als Aussichts-

punkt, und von dort konnte man die Landschaft meilenweit überschauen. Es gab in diesem Hügel einen Felsvorsprung, wo man die Pferde verstecken konnte. Wir kannten die Pfade, die die Sioux benutzten, waren aber nicht sicher, welchen sie einschlagen würden. Als wir am Aussichtspunkt der Crow anlangten, waren die Lichtverhältnisse nicht gut und man konnte nicht viel sehen, also kehrten wir zum Lager zurück und erstatteten Bericht.

Gleich nach dem Sonnenuntergang verließen Mitch Boyer und ein Offizier mit langem Schnurrbart und breiter Nase (Kapitän Varnum) das Lager und brachen zu dem Aussichtspunkt auf. Ich kenne die Landschaft gut, also machte ich den Führer. Wir stiegen den Lodge Pole-Pfad hinab – den üblichen Pfad von Rosebud zum Little Horn rüber – und erreichten den Aussichtspunkt gegen zwei Uhr morgens. Unsere Pferde wurden zu dem Felsvorsprung geführt, wo sie versteckt werden konnten, und wir legten uns hin, um das Tageslicht abzuwarten. Sobald es hell genug wurde, konnten wir Rauch aus dem Lager der Sioux unten im Little Horn-Tal erkennen und sahen ein paar weiße Pferde jenseits des Little Horn-Flusses. Wir sahen auch zwei Sioux unterwegs, etwa anderthalb Meilen westwärts entfernt, den Davis-Bach hinab auf das Soldatenlager zu, und sechs weitere Sioux nordostwärts drüben auf der Tullock Fork.
Die Soldaten waren während der Nacht marschiert und ihr Lager befand sich nun unweit von uns unten am Davis-Bach. Wir konnten den Rauch der Lagerfeuer erkennen, auf denen sie ihr Frühstück bereiteten. Nach kurzer Zeit sahen wir die Soldaten, wie sie den Davis-Bach aufwärts marschierten, und Custer hielt gegenüber unserem Aussichtspunkt an. Ich stieg hinab und erzählte ihm von dem Rauch aus dem Sioux-Lager, den wir gesehen hatten. Es war um sechs Uhr morgens herum. Custer stieg den Hügel hoch, weit genug, um das Tal zu überschauen. Als

er das Sioux-Dorf sah, sagte er: „Diese Leute sind sehr lästig und stören die Crow sowie die weißen Menschen. Ich werde ihnen heute eine Lektion erteilen. Ich werde sie schlagen, werde an der Kreuzung, wo der Little Horn in den Big Horn mündet, eine Festung bauen, und dann könnt ihr Crow im Frieden leben.“ Er sagte, er würde dem Ärger mit den Sioux ein Ende bereiten. Wir Kundschafter dachten bei uns, es gäbe da zu viele Indianer, mit denen Custer zu kämpfen hätte. Es gab da Lager über Lager und noch mehr Lager. Ein Lager befand sich in einem Kreis in der Nähe der Hügel im Westen. Ich würde sagen, dort waren zwischen viertausend und fünftausend Krieger versammelt, vielleicht noch mehr, ich weiß es nicht. Es war das größte Indianerlager, das ich je gesehen hatte.
Hätten wir früh morgens nicht die zwei Kundschafter der Sioux beobachtet, hätte ich Custer empfohlen, sich an dieser Stelle den ganzen Tag lang zu verstecken und dann das Lager in der Nacht zu überraschen, da aber die Kundschafter die Soldaten gesichtet hatten, war es nutzlos, noch länger zu warten. Ich war einer der ältesten Kundschafter und hatte im Spähen die meiste Erfahrung. Ich kannte diese Landschaft sehr gut, also sagte ich Custer, er sollte lieber den Ash Bach (Reno-Bach) hinab gehen, dann könnte er diesseits der Scheide abwarten, bevor er ins Little Horn-Tal ging.

Custer bewegte sich vorwärts, seine Soldaten zogen im schnellen Trab den Ash-Bach entlang. Unsere Ponys waren viel kleiner als die Pferde, die die Soldaten ritten, und wir mussten fast ständig galoppieren, um Schritt zu halten. Custer folgte dem Lodge Pole-Pfad, der sich an der North Fork des Upper Ash-Bachs entlangzog. Dieser Pfad führt von Rosebud den Davis-Bach hoch über einen Pass zum Nordarm des Upper Ash-Bachs und dann den Ash-Bach runter, und er ist ziemlich bequem.

Etwa neun Meilen abwärts von der Upper Fork des Ash-Bachs fanden wir ein Tipi und darin einen toten Indianer. Wahrscheinlich war er an Wunden aus der Schlacht gegen General Crook am Rosebud vom 17. Juni gestorben. Als wir vorbeigingen, zündeten einige Soldaten das Tipi an.

Custer ließ seine Truppen auf einem kleinen Plateau etwa eineinviertel Meile von der Mündung des Ash-Bachs entfernt anhalten, und er befahl Major Reno nach links auszuscheren, den Little Horn zu überqueren und das obere Ende des Sioux-Dorfes anzugreifen. Er sah nahe der Bachmündung Staub aufsteigen, rief Half Yellow Face – den Führer der Crow – zu sich und fragte ihn, was der Staub zu bedeuten habe. Half Yellow Face sagte: „Die Sioux fliehen wohl." Aber Custer sagte: „Ich werde meinen linken Flügel (Reno) nach Süden leiten, für den Fall, dass die Sioux diesen Weg nehmen." Dann zog Reno los und überquerte den Bach unmittelbar unterhalb des Plateaus.

Custer rief White Swan und hieß ihn und Half Yellow Face zu dem Bergkamm hinüberzugehen und nachzusehen, was in dem Sioux-Lager geschah. Sie brachen auf, folgten aber, statt zum Bergkamm hinüberzugehen, Reno, und das war das Letzte, was wir von ihnen zu sehen bekamen, bis die Affäre vorbei war. Custer näherte sich dem Bergkamm. Mitch Boyer, der Kommandant der Kundschafter, merkte, dass die Kundschafter, die Custer hinausschickte, um jenseits des Bergkamms nachzusehen, Reno nachfolgten, also rief er Curley, Goes Ahead, Hairy Moccasin und mich und sagte: „Lasst uns zum Bergkamm hinübergehen und uns die Hütten anschauen."

Als wir dort angekommen waren, sahen wir, dass die Tipis drüben im Tal ein gutes Stück abwärts am Fluss entlang lagen, also gingen wir weiter und Custer folgte uns. Es war um neun Uhr morgens herum. Custer bewegte sich langsam vorwärts, nahm sich viel Zeit und hielt immer wieder an. Er verließ den Platz nicht, bevor Reno zu kämpfen begann. Bevor Reno Custer und das Plateau verließ, wurde eine andere Soldateneinheit nach links geschickt, aber zu dem Zeitpunkt waren wir zu weit vorne, so dass ich nicht weiß, wohin sie gingen (es handelte sich um Kapitän Benteen).

Custer und sein Bruder scherten nach rechts von uns aus und hielten auf einem kleinen Hügel an. Seine Truppen folgten ihm. Als Custer oben am Hügel angelangt war, drehte er sich um und winkte mit seinem Hut, und die Soldaten am Fuße des Hügels schrien und winkten mit ihren Hüten zurück. Custer hielt weiter auf den Bergkamm zu und seine Männer folgten ihm. Sie kamen rasch vorwärts, und die Kundschafter waren manchmal gezwungen, ihre Ponys zum Galopp anzutreiben, um nicht zurückzufallen. An einem bestimmten Punkt auf dem Bergkamm wandten sie sich nach rechts und ritten durch eine Schlucht in Richtung Norden. Wir, die Kundschafter, postierten uns auf den oben liegenden Felsvorsprüngen, von wo wir in die Lager der Sioux hinabsehen konnten. Während wir auf dem Kamm folgten, zog Custer den Medicine Tail-Bach hinab Richtung Fluss. Dort entdeckten ihn die Indianer und rannten alle dorthin. Es waren tausende. Custer versuchte, an der Mündung vom Medicine Tail-Bach den Fluss zu überqueren, er war dazu jedoch nicht in der Lage. Da sahen wir Custer zum letzten Mal.

Mitch Boyer sagte zu uns: „Ihr Kundschafter braucht nicht weiterzugehen. Ihr habt Custer hergeführt, und jetzt ist euer Job zu Ende, also solltet ihr lieber zum Tross zurückkehren und den Soldaten das Kämpfen überlassen." Er sagte, er würde hinuntergehen zu Custer und galoppierte davon. Das war das letzte Mal, dass wir Mitch Boyer sahen. Er wurde zusammen mit Custer drüben auf dem Bergkamm getötet. Wir kehrten zurück, am Kamm entlang, und fanden dort Renos Männer verschanzt. Dort sind wir während des ganzen Nachmittags geblieben. Es war sehr heiß und die Soldaten hatten kein Wasser. Als sie sehr durstig wurden, haben sich einige freiwillig gemeldet, um zum Fluss zu gehen und dort die Feldflaschen zu füllen. Viele Soldaten wurden getötet, als sie versuchten Wasser zu holen.

Nach Sonnenuntergang schlich ich mich durch die Frontlinie der Indianer und wandte mich nach Norden, und zur Morgendämmerung des nächsten Tages war ich dort, wo der Little Horn in den Big Horn-Fluß mündet. Es gab dort einige Soldaten (die des Generals Terry), und deren Führer war ein Offizier, den die Indianer „Mann ohne Hüfte“ oder „Lahme Hüfte“ nennen (General Terry), und einen anderen Offizier, den die Indianer „Weißbart“ nennen (General Gibbon). Ich erzählte ihnen alles, was ich über die Schlacht wusste, und dass ich um meine Kleidung gebracht worden war. Ich hatte keine Mokassins, also ging ich nach Hause. Die Offiziere waren einverstanden und ich ritt los. Ich ging nach Pryor, wo das Lager der Crow war. Als ich ins Lager kam, meinten einige der Crow, ich sei ein Sioux und fingen an, auf mich zu schießen.
Ich habe von vielen Menschen gehört, dass Curley der einzige Überlebende dieser Schlacht war, aber Curley nahm gar nicht teil an der Schlacht. Um die Zeit herum, als Reno das Dorf angegriffen hatte, geriet Curley zusammen mit einigen Arikara-Kundschaftern an eine große Herde von Sioux-Ponys, und er ritt mit ihnen weg. Manche der Arikaras, die ich später getroffen habe, erzählten mir, dass sie Curley bis zu der Stelle begleitet hatten, an der der Rosebud in den Yellowstone mündet. Ich sah Curley erst im nächsten Herbst wieder, als ich ihn oberhalb vom Yellowstone im Lager der Berg-Crow traf, also hat Curley von der Schlacht nicht viel mitbekommen.

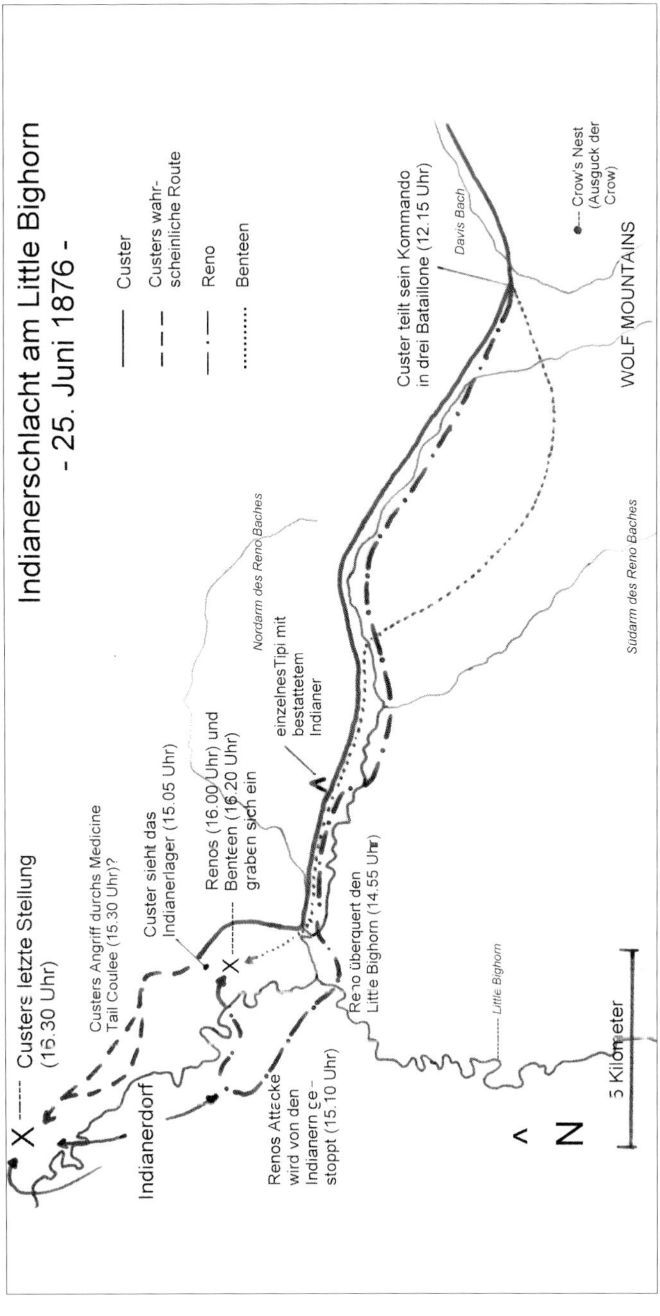
Indianerschlacht am Little Bighorn
- 25. Juni 1876 -
Custer
Custers wahrscheinliche Route
Reno
Benteen
Custer teilt sein Kommando in drei Bataillone (12.15 Uhr)
Davis Bach
Crow's Nest (Ausguck der Crow)
WOLF MOUNTAINS
Nordarm des Reno Baches
Südarm des Reno Baches
einzelnes Tipi mit bestattetem Indianer
Renos (16.00 Uhr) und Benteen (16.20 Uhr) graben sich ein
Custer sieht das Indianerlager (15.05 Uhr)
Custers Angriff durchs Medicine Tail Coulee (15.30 Uhr)?
Custers letzte Stellung (16.30 Uhr)
Indianerdorf
Renos Attacke wird von den Indianern gestoppt (15.10 Uhr)
Reno überquert den Little Bighorn (14.55 Uhr)
Little Bighorn
5 Kilometer
N

Ich kann mich nicht an jede Einzelheit des Kampfes erinnern, weil während des Tages so viele Dinge geschahen und so viel Aufregung herrschte, dass es schwierig ist, sich an Einzelheiten zu erinnern, aber ich habe versucht, den allgemeinen Verlauf der Kampfhandlungen wiederzugeben, und ich erwähnte nur Dinge, die ich gesehen habe. Ich kann mich gut an Custer erinnern. Die Indianer nannten ihn den „Sohn des Morgensterns". Er hatte langes gelbes Haar, und während der Schlacht war er ganz in Wildleder gekleidet. Es ist nur wegen Mitch Boyer, der uns weggeschickt hatte, sonst wären heute Hairy Moccasin, Goes Ahead und ich selbst drüben auf dem Bergkamm mit Custer und seinen Männern begraben. Ich habe Ihnen nur die Wahrheit gesagt, ohne für mich einen Vorteil in Anspruch zu nehmen, und Curley, der mit uns war, wird die Wahrhaftigkeit meiner Geschichte nicht leugnen können.

Ein Briefwechsel

Nach meiner Rückkehr aus Montana bot ich das Gespräch mit Medicine Crow der Zeitschrift „Magazin für Amerikanistik" zum Vorabdruck an. Sein Verleger Dietmar Kuegler, selbst ausgewiesener Kenner indianischer Geschichte und Kultur und Autor zahlreicher einschlägiger Bücher, meldete zu verschiedenen Aussagen über die Schlacht am Little Bighorn Bedenken an. Es entwickelte sich ein kleiner E-Mail-Wechsel, der an dieser Stelle in Passagen wiedergegeben werden soll:

Wyk auf Foehr, 24. Dezember 2001

Lieber Herr Klis,

herzlichen Dank für Ihre freundlichen Zeilen und das angehängte Interview. Ich kenne Medicine Crow ebenfalls, habe

auch bezüglich der Schlacht mit ihm gesprochen – ich glaube, es war 1995. (...)
Ich habe den größten Respekt vor diesem großen alten Mann der Crow, dessen Leben und Persönlichkeit jedem, der ihn kennt, Bewunderung abnötigt – aber bezüglich der Schlacht am Little Bighorn hat er in einigen Punkten massiv Unrecht. Das hängt auch schlicht mit der Tatsache zusammen, daß die Crow aufgrund ihrer Zusammenarbeit mit der Armee schon seit über 100 Jahren versuchen, die Geschichte zu ihren Gunsten zu ändern. Das ist verständlich, aber es ist eine nicht durchsetzbare Haltung, weil die Schlacht am Little Bighorn die vielleicht am besten dokumentierte Schlacht der Weitgeschichte ist – und militärhistorisch eine der unwichtigsten. (...)

Auch Interviews mit indianischen Teilnehmern wurden bereits ein Jahr nach der Schlacht gemacht und sind in vielen Büchern dokumentiert – am besten vielleicht in Grahams „The Custer Myth", in dem ausführlich Kämpfer der Lakota, Cheyenne und Arapaho, aber auch die Scouts der Crow und Arikara zu Wort kommen. (...)
Das Problem dieser Schlacht ist, daß es einige Dinge gibt, die niemals geklärt werden können, weil kein einziger Mann, der Custer gefolgt ist, zurückgekehrt ist. Auch indianische Zeugnisse helfen da nicht weiter, weil die indianische Kriegerkultur in ihrer sehr individualistischen Ausprägung manches, was für einen weißen Offizier oder Soldaten bedeutsam ist, als völlig unwichtig ignoriert. Das ist die Basis für Spekulationen und Schlachtfeldgarn.

Die Geschichte mit dem angeblichen Alkoholgenuß ist eines der vielen Gerüchte, die sich um die Schlacht ranken.(...) Es gehört zu den vielen Geschichten, die immer wieder gern erzählt werden, aber alle nicht nur unbeweisbar, sondern auch widerlegbar sind.

Einige Beispiele: Es wird behauptet, Custers Leiche sei an den Geschlechtsteilen verstümmelt gewesen – symbolhaft dafür, daß er mit einer Indianerfrau ein Kind gezeugt habe. Diese Tatsache sei jahrzehntelang verschwiegen worden. Hört sich gut an, aber richtig ist: Custer hatte sich als junger Mann eine Syphilis zugezogen. Die Quecksilberbehandlung jener Tage führte bei Männern regelmäßig zu Unfruchtbarkeit. Custer konnte kein Kind zeugen, weder mit seiner noch mit einer anderen Frau. Belegt durch militärärztliche Papiere.
Es wird behauptet, Custer sei gar nicht auf dem Last Stand Hill gefallen, sondern schon früher getötet worden. Es wird behauptet, zwei Cheyennefrauen hätten den verwundeten Custer mit dem Stich einer Ahle durch die Ohren getötet, es wird behauptet, er habe Selbstmord begangen, und, und, und... (...) Tatsächlich sind Custers Leben und Sterben so umfangreich dokumentiert wie das keines anderen US-Offiziers – was übrigens meines Erachtens eine maßlose Überschätzung dieses Mannes darstellt. Aber ein Mythos ist eben nicht faßbar und gerade deshalb sind belegbare Fakten so wichtig (...) Paul Andrew Hutton hat 1992 in seinem „Custer Reader" zahlreiche Briefe eines jungen

Stein mit schwarzer Front: hier soll Custer gefallen sein

Lieutenants veröffentlicht, die dieser an seine Eltern geschrieben hat. Was dieser Mann über Custer berichtet, würde einen Psychologen-Kongreß begeistern. Aber kein Wort, daß er je im Dienst getrunken hätte oder daß er je seinen Untergebenen erlaubt hätte, mehr als die erlaubte Ration Alkohol zu trinken. (...)
Die 7. Kavallerie war ein wild zusammengewürfelter Haufen, den Custer mit harter Hand unter Kontrolle halten wollte. Dabei erzeugte er oft das Gegenteil, wie viele Desertionen belegen.
Hinzu kam: Im Regimentsstab hatte Custer fast nur Feinde, so daß Fehlverhalten in jedem Fall herausgekommen wäre. Major Reno und Capt. Benteen haben ihn gehaßt. Benteen hat noch 20 Jahre nach der Schlacht Briefe an einen ehemaligen Untergebenen geschrieben, in denen er an Custer und dessen Frau kein gutes Haar gelassen hat. Diese „Benteen-Goldin Letters“ (1991) enthalten jede Menge Darstellungen von militärischen, privaten und charakterlichen Defiziten dieses Mannes – aber keine Silbe über Alkohol. (...)
Sie dürfen auch nicht vergessen: Custer führte sein Kommando unter Bewährung. Er war vor dem Feldzug vom US-Präsidenten suspendiert worden und nur auf eindringliche Bitten seiner direkten Vorgesetzten mit Sondergenehmigung dabei. Er war höchst erpicht darauf, erfolgreich zu sein, um seine Stellung zu behalten. Dazu gehörte, daß sein Regiment, das das wichtigste Stoßtruppunternehmen der gesamten „Centennial-Kampagne“ führte, eine hervorragende Leistung bot. Der Einsatz von Alkohol hätte diese Bemühungen zunichte gemacht. (...)
Auch einige geographische Angaben sind leider nicht richtig. Grob gesprochen: der Little Bighorn fließt von Süden nach Norden. Die 7. Kavallerie näherte sich von Osten und schwenkte beim Marsch auf das Dorf nach Norden – dem Fluß folgend. Custer konnte das Dorf also nicht von Norden angreifen – das tat er auch nicht. Von Norden

näherte sich nämlich die Kolonne Colonel Gibbons – die mit einem Tag Verspätung eintraf und nur noch die Leichen der 7. Kavallerie fand.
Benteens Spähtrupp wurde nicht nach Süden – das wäre ja „nach rückwärts" gewesen – ausgeschickt, sondern nach Westen. Benteen schwenkte in weitem Bogen von Westen nach Osten zurück und folgte schließlich wieder Custers und Renos Spur den Fluß hinauf nordwärts. (Ein militärisch völlig sinnloses Unternehmen, das das Regiment schwächte und zur Niederlage beitrug.)

Ich beschäftige mich nun seit gut 30 Jahren kontinuierlich mit diesem Thema. Das ist eine lange Zeit, in der ich nicht nur zahllose Quellen gesichtet, sondern auch mit den unterschiedlichsten Personen – von weißen Historikern bis zu Indianern, von fanatischen Custer-Fans bis zu militärischen Kritikern – gesprochen habe. Lassen Sie mich aufgrund dieser Erfahrungen zusammenfassend sagen: Es wird zuviel in dieses Ereignis hineingeheimnist. (...)
Der Angriff auf das Sonnentanzlager war nicht von Ruhmsucht diktiert, sondern von der typischen Fehleinschätzung eines amerikanischen Offiziers jener Tage: Das militärische Lehrbuch besagte nämlich, daß Indianer, die ihre Familien bei sich hatten, beim Auftauchen einer großen Armeeformation nicht kämpften, sondern sofort die Flucht ergriffen. Wäre das geschehen, wäre der gesamte Feldzug gescheitert. Custer hatte Angst, für dieses Scheitern verantwortlich gemacht zu werden. Er griff daher überhastet an, um einer indianischen Flucht zuvorzukommen. Aber Sitting Bull und Crazy Horse kümmerten sich nicht um die Lehrsätze der Militärakademien, und so traf Custer auf einen indianischen Gegner, der nach der Sonnentanzzeremonie in höchstem Maße motiviert war. Zudem unterliefen ihm schwere taktische Fehler, die ein Offizier mit Erfahrung nicht hätte machen dürfen. Er zersplitterte und schwächte

sein Regiment, weil er nicht auf seine Späher hörte, und wurde von den besser motivierten und besser geführten Indianern geschlagen. Alles andere gehört – positiv wie negativ – zum Mythos, der entstand, weil diese Niederlage ein Schock für die siegesgewohnten Amerikaner war, es ist Spekulation, um den Mythos weiter anzuheizen; dabei ist Custer für die Mehrheit der geschichtsinteressierten Amerikaner heute längst kein „Held" mehr. Schon seit den 1950er Jahren hat in dieser Beziehung eine Revision der Geschichtsschreibung eingesetzt. (...)

Hohenstein-Ernstthal, 29. Dezember 2001

Lieber Herr Kuegler,

herzlichen Dank für Ihren Brief. (...) Ihrer Argumentation zu den behaupteten Alkoholexzessen kann ich mich nicht verschließen. (...) Sie schreiben, daß die Crow die Geschichte zu ihren Gunsten zu ändern suchten – einverstanden. Aber würde die Geschichte dadurch zu ihren Gunsten geändert? (...) Ich nehme an, Sie werden Medicine Crow besser kennen als ich, der ich ihm nur für ein paar Stunden gegenübersaß, und es interessiert mich, was Sie über seine Motive in diesem speziellen Falle denken oder möglicherweise wissen. Auch ist Ihnen vielleicht bekannt, wie groß die reguläre Alkoholration war? Könnte es sich, um Übertreibungen bereinigt (denn: „Es war das erste Mal, daß wir Feuerwasser getrunken haben"), nicht um die vielleicht normalen Zuteilungen gehandelt haben? Im übrigen wird nur von einer Situation berichtet, in der Custer selbst getrunken haben soll.(...)
Die geographischen Angaben, die M. C. macht, sind, meine ich, etwas unglücklich formuliert, auf den geplanten Angriff bezogen und in der Tat irreführend. Er meinte

sicher, daß Benteen die angenommene Flucht der Indianer *gegen Süden* abriegeln, Reno das Lager an der Südspitze angreifen sollte. Custer, der hinter dem Hügelkamm parallel zum Dorf in nördlicher Richtung zog, glaubte sicher zu diesem Zeitpunkt noch, es an seiner Nordspitze (M. C.: „Ich werde von Norden kommen...“) angreifen zu können. Daß er dann bei seiner Attacke das nördliche Dorfende noch gar nicht erreicht haben würde, statt dessen auf die Tipis der Sans Arc, Blackfoot, Brule und Two Kettle stieß, denen noch die der Northern Cheyenne folgten, konnte er noch nicht ahnen.
In diesem Zusammenhang versuche ich mir zu erklären, wie Custer die Ausdehnung des Lagers unterschätzt haben soll, was oft behauptet wurde. Ich war nun das zweite Mal auf dem Schlachtfeld und habe wieder festgestellt, daß man vom oberen Ende des Medicine Tail Coulee, durch das Custer ja angriff, wie fast von jedem anderen Punkt der Hügelkette aus die Ausdehnung des Dorfes auch in nördlicher Richtung hätte erkennen müssen. (...)

Wyk auf Foehr, 2. Januar 2002

Lieber Herr Klis,

herzlichen Dank für Ihre erneute Mail. (...) Zu Medicine Crows Aussagen zum Little Bighorn: Indianer sind – was häufig von Weißen nicht begriffen wird – sehr geschichtsbewußte Menschen; viel historisch bewußter als wir. Wir gehen mit unserer eigenen Geschichte, wenn sie nur weit genug zurück liegt, sehr pragmatisch um. Wir reden über Sünden oder Fehler unserer Großväter und Urgroßväter unbelastet und teilweise sogar amüsiert. Für einen Indianer aber sind Geschichte und Gegenwart eine untrennbare Einheit. Er fühlt sich nahtlos mit seinen Vorvätern verbun-

den und in der Verantwortung für deren Taten – so wie auch eingebunden in deren Leidensgeschichte – es gibt kulturell bedingte Wahrnehmungsunterschiede und natürlich auch Interpretationsunterschiede.
Aus diesem Kontext heraus ergibt sich für die Crow eine schwierige Situation: Nicht nur die 7. US-Kavallerie hat die Schlacht verloren, auch die Crow haben sie verloren – für uns ist das nicht so wichtig, weil wir uns immer auf das weiße Militär konzentrieren. Für die Crow aber ist diese Niederlage noch immer bitter. In mehrfacher Hinsicht: Zum einen haftet ihnen das Odium der Custer-Helfer an, zum anderen waren ihre Erzfeinde – die Sioux, Cheyenne und Arapaho – die Sieger. Und daß diese tiefsitzenden Konflikte bis heute vorhanden sind, dafür sprechen auch Medicine Crows Statements. (...)
Aus demselben Grunde sind beispielsweise von weißen Militärs jahrzehntelang Fantasiezahlen über die geballte Macht der Krieger Sitting Bulls in die Welt gesetzt worden – von bis zu 12 000 Kriegern war die Rede. (Keiner der Autoren hat sich darüber Gedanken gemacht, daß pro Zelt im Schnitt allenfalls 2 kämpfende Männer lebten, was mindestens 6 000 Lodges bedeutet hätte; d.h. den Platzbedarf einer modernen Kleinstadt.) Auf diese Weise wurde die Schlacht zum „Massaker", die Truppe zu „Märtyrern", und der Sieg der Lakota/Cheyenne unbedeutend. Die Alkohol-Story hat denselben Hintergrund: Betrunkene Soldaten waren natürlich leicht zu besiegen, und die Niederlage wird erklärlich und kann auch nicht den Scouts angelastet werden. (...) Mit „normaler Post" sende ich Ihnen einmal die Fotokopie der Aussage von „White-Man-Runs Him", die dieser 1919 zu Protokoll gegeben hat (...) Daß bereits damals versucht wurde, die Rolle der Crow etwas zu beschönigen, können Sie auch dieser Aussage schon entnehmen. Die tollste Geschichte stammte von Curly, dem bekanntesten Scout, der angeblich den Leib eines toten Pferdes ausräumte,

sich darin verkroch und so die Schlacht überlebte... (...) Dokumentierte Tatsache ist nämlich, daß die Offiziere der 7. Kavallerie in der Nacht vor dem Massaker am Wounded Knee kräftig getrunken hatten. (Nicht die einfachen Soldaten, nur die Offiziere.) Silvester stand damals bevor, und die Offiziere hatten einige Flaschen Brandy dabei. Der damalige Kommandant, Colonel Forsyth, galt als recht trinkfreudig, das Gegenteil von Custer.
Für Ihre Frage nach den Alkohol-Rationen bin ich Ihnen sehr dankbar. Ich hatte nämlich die Zahl von 1 Gill (d. i. ca. ein etwas größeres Schnapsglas) fest im Kopf. Aufgrund Ihrer Frage habe ich noch einmal nachgeschlagen. Und siehe: Diese Tagesration an Brandy oder Rum galt tatsächlich nur bis 1832. Danach wurde Alkohol als Teil der Soldaten-Ration vom Congress verboten – mit Ausnahme für Truppen, die Festungsanlagen bauten oder Landvermessungen durchführten. Auch diese Ausnahme wurde 1865 durch General Order des Kriegsministeriums abgeschafft.
Mit anderen Worten: Die 7. Kavallerie hatte für die Mannschaften keinen Tropfen Alkohol dabei. Lediglich in der Feldapotheke der beiden Regimentsärzte dürfte sich ein begrenzter Vorrat befunden haben – mit Sicherheit aber kein Faß. Es ist möglich, daß einige Offiziere privat eine Flasche mitgeführt haben. (Offiziere der US-Armee hatten und haben einen recht großen Freiraum.) Diese Flaschen hätten sie aber mit Sicherheit nicht mit einfachen Soldaten oder gar Indianerscouts geteilt. Übrigens war Custer einer der stärksten Kämpfer gegen Alkoholausschank an Indianer. Der einfache Trooper durfte – und konnte – privat keinen Alkohol mit sich führen. Dazu reichte sein Sold gar nicht aus (13 Dollar im Monat, minus 2 für die Reinigung seiner Wäsche), und die Ausrüstung an seinem Pferd ließ ihm dafür keinen Platz. (...)
Hinzu kommt: Kein Soldat oder Offizier der 7. Kavallerie konnte sich mit den Crow-Scouts sprachlich verständigen.

Das ging nur mit Dolmetscher, und der war das Halbblut Mitch Boyer. Schon eine Einladung zum Trinken hätte Probleme bereitet – zumal viele Soldaten der 7. Kavallerie noch nicht einmal die englische Sprache richtig beherrschten; 125 waren Deutsche, andere Russen, Italiener usw. Tatsächlich ist die von Ihnen aufgeworfene Frage, wieso Custer sich so sträflich leichtsinnig verhalten hat, wohl der Dreh- und Angelpunkt der ganzen Geschichte. Keiner kann darauf eine rationale Antwort geben. Als er Weir-Point erreichte, konnte er erstmals das Indianerlager sehen – vermutlich aber nicht vollständig. Doch da war es wahrscheinlich schon zu spät. Ein Zurück gab es nicht mehr. Er hatte seine Anweisungen getroffen, sein Regiment zersplittert, einzelne Teile (z. B. Reno) waren bereits in Kämpfe verwickelt, und die Indianer waren nach ihrer ersten Überraschung zum Angriff übergegangen. (...) Militärhistoriker wie Michno („Custer losses in a fair fight“) oder Roger Darling („General Custers final hours“) bezeichnen ihn militärstrategisch als Versager und begründen dies mit all seinen Entscheidungen seit Erreichen der Region von Crow's Nest. Genauso hat es schon Präsident U.S. Grant gesehen – der

Der Custer Hügel, vom südwärts gelegenen Weir Point aus

auf Custer ohnehin nicht gut zu sprechen war. In einem Zeitungsinterview 1876 erklärte er, selbst ein erfahrener Offizier: „Für mich ist der Untergang der 7. Kavallerie ein Opfergang – den Custer selbst herbeigeführt hat." Diese Ansicht war damals nicht populär. (...) Aber auch Sitting Bull äußerte sich später ähnlich: „Es wird gesagt, ich hätte Custer ermordet. Das ist eine Lüge. Er war ein Narr und führte seine Truppen in den Tod."
Lassen Sie mich abschließend noch einmal auf Medicine Crow kommen. Daß er die Rolle der Crow mit der 7. Kavallerie zu beschönigen oder verharmlosen sucht, hat natürlich auch ganz aktuelle Gründe: Bis heute werden die Crow von Vertretern der Sioux, Cheyenne und Arapaho als „Verräter" gebrandmarkt. Mehr als das: Da sich das Schlachtfeld auf dem Land der Crow befindet, wird ihnen vonseiten der anderen Indianer vorgeworfen, als „Verlierer der Schlacht" nun den Gewinn aus dem Tourismus einzustreichen, während die eigentlichen Sieger bis heute leer ausgehen. (...)

Hohenstein-Ernstthal, 4. Januar 2002

Lieber Herr Kuegler,

danke, daß Sie bereit sind, sich meiner Fragen anzunehmen! Sie wissen, ich bin kein Wissenschaftler und kann Ihrer Kenntnis der Materie nur meine Neugierde und bescheidene Leseerfahrung angesellen, die von ein paar Ritten mit Indianern coloriert wurde. Die Sache wird für mich immer spannender. (...) Sie erklären die psychologische Situation, in der sich die Crow befinden, und ich kann auch das, was Sie über die Sicht der Lakota sagen, bestätigen – interviewte ich ja drei Jahre vor Medicine Crow den Enkel von Big Foot, den Oglala Leonard Little Finger, der zumindest seinerzeit, als ich mit ihm sprach, die Lakota bei der UNO vertrat und sehr bewußt und engagiert als Indianer argumentierte. (...) Für Sioux, Cheyenne und Arapaho in ihrer geschichtlichen Rolle Sympathie zu entwickeln, fiel mir wie vielen in Europa leicht, und als Außenstehender die Absarokee als „Verräter“ zu sehen, ebenfalls. Glücklicherweise konnte ich mir selbst genug Mißtrauen entgegenbringen und wollte endlich auch sie besuchen, um mir eine eigene Anschauung zu machen.

Dennoch, in einem vermag ich Ihnen nicht ganz zu folgen: Sie führen aus, daß es unterschiedliche Wahrnehmung von Geschichte gibt, die Weiße und Indianer trennt. (...) Eine Frage der Interpretation kann es für mein Verständnis aber dann nicht mehr sein, ob Richard Piggott in Fort Benton seinen Achtspänner mit Schnaps für die 7. Kavallerie belud oder nicht. (...)

Nach der Lektüre von Medicine Crows Buch, in dem er wie auch im Interview die Gewährsleute seiner Überlieferungen mit Namen nennt, die Namen durch Wohnorte, Geburts- und gegebenenfalls Sterbedaten ergänzt, fällt es mir schwer, seine Ausführungen im Interview nicht ins Kalkül zu ziehen. Ich sehe einen Mann, der, mit Zweiflern aller Art rechnend, oft aus einer Verteidigungshaltung heraus vorträgt. Dabei geht er alles in allem wissenschaftlich methodisch vor, so daß sich seine „Stammesgeschichte der Absarokee“ wie eine Dissertation liest. Schon in der Einleitung seines Buches beschreibt er ausführlich Arbeitsweise und Grundlagen seiner Forschung, legt alle Quellen offen, von Ethnographen und Forschern wie Curtis, Wilschutt, Lowie bis zu den Stammesältesten Cold Wind, Yellowbrow, Plainfeather, Ten Bears und so weiter. Er stützt sich auf aktuelle archäologische Befunde ebenso wie auf das Anthropologische Archiv des Smithsonian Instituts. Über die, durch die er Überlieferungen bezog, gibt er in Miniaturform ganze Lebensläufe. Ich meine, er ist ein

Indianer *und* ein Wissenschaftler, der auf Jahreskonferenzen von Archäologischen Gesellschaften Vorträge hält und in Wissenschaftszeitschriften publiziert. Es fällt doch auf, wie dieser Mann unterscheidet, wo Legende endet, Überlieferung oder, je nachdem, Faktisches einsetzt: „Bis zu diesem Punkt ist unsere Geschichte eine *Legende.* Aber hier faßt die *mündliche Überlieferung* Wurzel..." (...)
Wie formulieren Sie so diplomatisch: Geschichte ist eben doch sehr lebendig – zumindest im Indianerland... (...)

Wyk auf Foehr, 5. Januar 2002

Lieber Herr Klis,

(...) Interessant ist für mich auch, wie stark emotionalisiert dieses Thema bis heute geblieben ist. Darin liegt, denke ich, auch die Ursache für Geschichten wie die, über die wir sprechen. Es wird verzweifelt nach Erklärungen, Entschuldigungen, Rechtfertigungen, usw. gesucht – obwohl die Wahrheit vermutlich sehr einfach ist: Zwei militärische Welten prallten aufeinander, und die eine war besser. Oder wie der berühmte Autor und zeitweilige Chefhistoriker des Schlachtfeldes, Robert Utley, es sagte: „An diesem Tag waren die Indianer die besseren Kämpfer." (...)
Mit den kulturell bedingten Wahrnehmungsunterschieden, Sie können auch „Interpretationen" sagen, meine ich, daß man Wahrheit und Unwahrheit nicht allein mit unseren westlich-abendländischen Maßstäben messen sollte. Es gibt in den Kulturen verschiedene Gewichtungen, wie eine Aussage einzuschätzen ist. Geschichten erzählende Indianer sind keine „Lügner", auch wenn das, was sie sagen, teilweise nicht stimmt. Ich versuche, hier einfach eine andere Mentalität zu konzidieren. (...) Sie sollten auch unterscheiden: Medicine Crow als Wissenschaftler und als

Geschichtenerzähler. (...) Warum wurde die Alkohol-Geschichte bislang in keinem der mehr als 1200 Bücher über die Schlacht aufgegriffen? Die Verfasser sind, das kann ich Ihnen versichern, keine Gemeinschaft von Custer-Anhängern. Ab den 1950er Jahren dominieren die kritischen Untersuchungen, die unendlich viele Einzelheiten über die Ereignisse ans Licht gebracht haben.

Es handelt sich eben um eine der vielen Geschichten, die seit über 100 Jahren erzählt werden... (...)

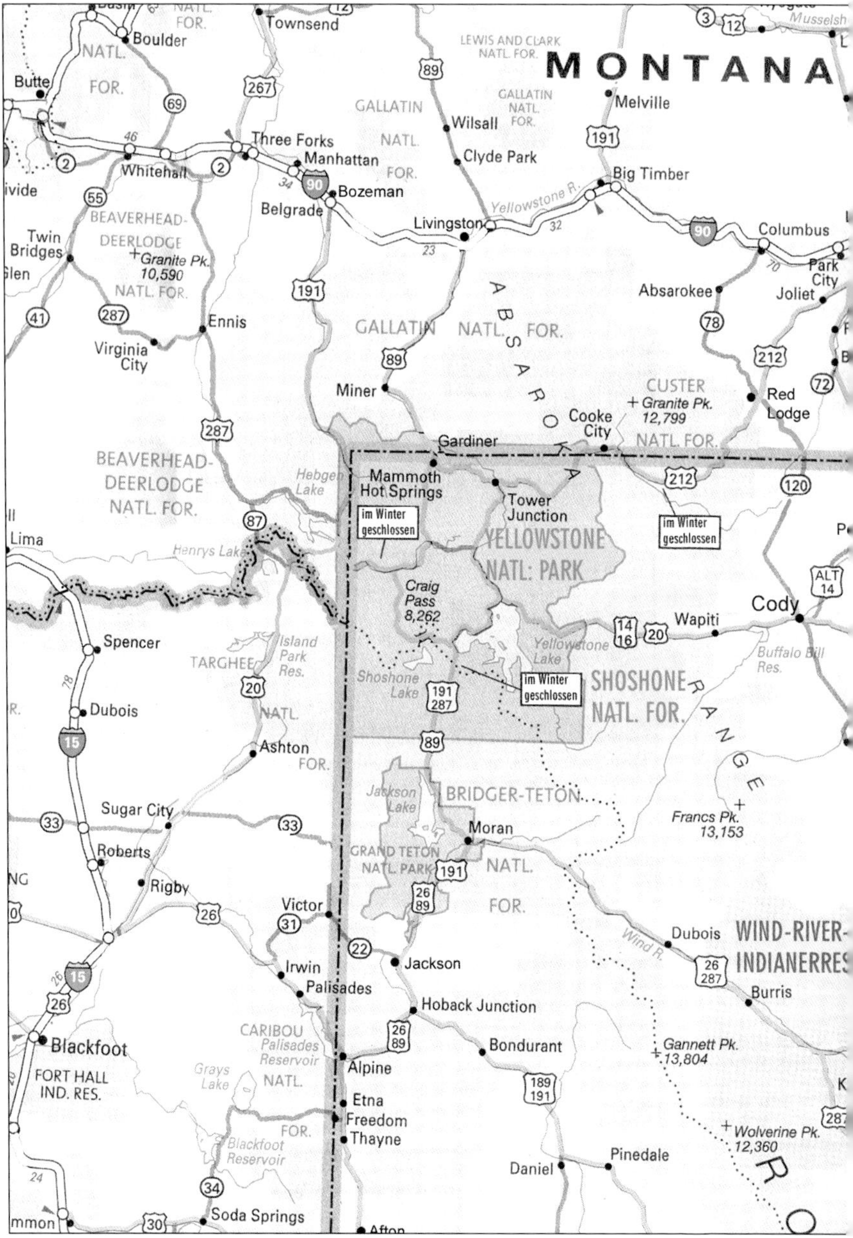

Die vom Autor zwischen 1998 und 2001 bereisten Gebiete von Wyoming und Montana: Crow-Indianer-Reservation, Pryor und Bighorn Mountains, Indianer-

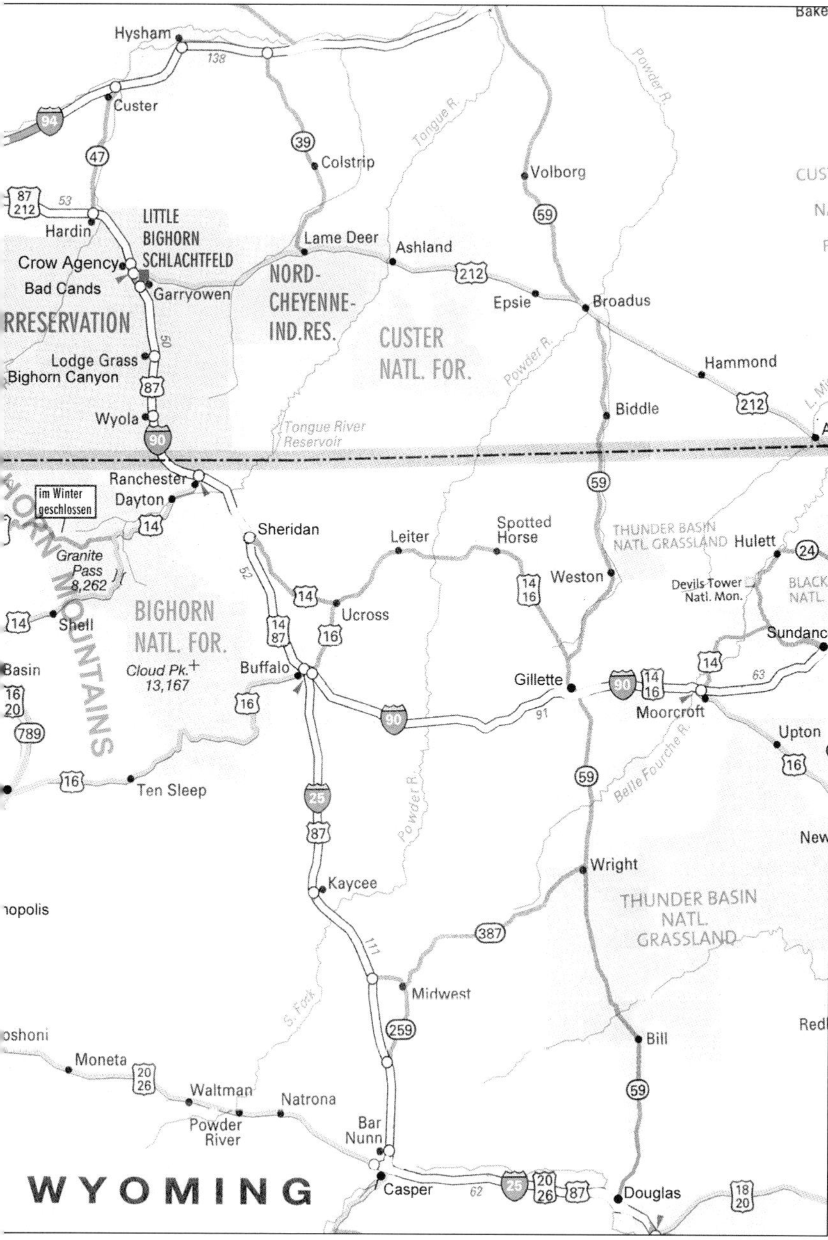

eservation der Nord-Cheyenne, Wind-River-Indianer-Reservation, Yellowstone Jational Park, Shoshone National Forest und Bridger-Teton National Forest